Chez le même éditeur

VOTRE VOLONTÉ
DE GAGNER

DISTRIBUTION:

• Pour le Canada:
AGENCE DE DISTRIBUTION POPULAIRE INC.
955, rue Amherst, Montréal H2L 3K4 (Tél.: (514) 523-1182)

• Pour la Belgique:
VANDER, S.A.
Avenue des Volontaires 321, B-1150 Bruxelles, Belgique
(Tél.: 02-762-9804)

Cet ouvrage a d'abord été publié en langue anglaise sous le titre:
WILL POWER OR YOUR DYNAMIC FORCES
Copyright ©, 1975 by the Robert Collier Book Corporation
All rights reserved

©, Les éditions Un monde différent ltée, 1986
Pour l'édition en langue française
Dépots légaux 2e trimestre 1986
Bibliothèque nationale du Québec
Bibliothèque nationale du Canada

Conception graphique de la couverture:
MICHEL BÉRARD

Version française:
MESSIER & PERRON, INC.

Photocomposition et mise en pages:
TYPOFORM INC.

ISBN: 2-89225-081-1

W. W. Atkinson et Edward E. Beals

VOTRE VOLONTÉ
DE GAGNER

Tome V

Les éditions Un monde différent ltée
3400, boulevard Losch, Local 8
Saint-Hubert, QC
Canada J3Y 5T6

« À la suite d'une longue méditation, j'ai acquis la conviction que l'être humain qui poursuit un dessein bien arrêté doit le réaliser, et que rien ne peut résister à une volonté qui misera l'existence même sur la réalisation de cet objectif. »

— Disraeli

Table des matières

1

Le pouvoir de la volonté

Des diverses manifestations de pouvoir qui procèdent de ce POUVOIR que les plus grands penseurs de l'humanité considèrent comme étant la source et l'origine de tout le pouvoir de l'univers, cette manifestation que nous connaissons sous le nom de pouvoir de la volonté semble être la plus fondamentale, la plus élémentaire et la plus universelle. Selon les philosophes, elle constitue le coeur même de toutes les phases ou formes du pouvoir personnel. En effet, plusieurs soutiennent que c'est dans le pouvoir de la volonté que réside le principe ultime de l'univers, et que toutes les formes de pouvoir, de force et d'énergie doivent être enseignées en fonction du pouvoir de la volonté.

Quels que soient les vérités ultimes de l'univers, on ne peut discuter la place dominante qu'occupe le pouvoir de la volonté dans la vie et l'être de l'individu. Lorsque vous entreprendrez de vous analyser, vous découvrirez que votre volonté se trouve au centre même de votre être et qu'elle est si intimement liée au JE SUIS MOI ou ego qu'il est des plus difficiles de la distinguer de votre moi véritable.

Vos sensations, passions, émotions, goûts et talents sont tous sous le contrôle de votre volonté cultivée ; vous pouvez dès lors les étaler au grand jour pour ainsi les analyser, les corriger, les améliorer. Mais la volonté est plus proche de vous : Vous ne pouvez l'écarter de vous, comme c'est le cas pour les autres états d'esprit. Elle n'est ni sensation ni émotion, bien qu'elle puisse dominer les deux. Elle est toujours subjective et active, résidant et agissant à partir du centre même de votre être.

L'émotion et la pensée résident peut-être profondément en votre être, mais la volonté est encore plus profonde. L'émotion et la pensée sont soumises à la volonté, et peuvent être influencées et dirigées par celle-ci. Vous êtes conscient du fait que vos sensations et vos émotions résultent simplement de votre existence. Mais vous êtes directement conscient de votre volonté, tout comme vous êtes conscient de votre existence propre. Vous pouvez modifier vos autres états d'esprit, mais vous ne pouvez modifier votre volonté de la même manière ; la volonté est votre unique instrument de modification et ne peut se retourner contre elle-même. La fonction de la volonté en est une d'action ; dans ses activités, elle dirige et ordonne, commande et régit les autres états d'esprit. De fait, la volonté procède surtout en contrôlant et en dirigeant vos autres états d'esprit.

Le pouvoir de la volonté peut bien sûr être développé et cultivé, autrement ce livre n'aurait aucun but, aucune raison d'être. Mais on ne doit pas le développer et le former comme les autres pouvoirs ou états d'esprit, car ceux-ci sont modifiés par l'action de la volonté. Contrairement à ces derniers, son développement consiste plutôt à exprimer plus pleinement un pouvoir fondamental qui existe déjà, à transformer une volonté latente et statique en une volonté active et dynamique. Cette forme de développement se définit comme étant « l'action de libérer quelque chose de ce qui l'enveloppe ». Il en va de même de la volonté : Plutôt que d'être le fait d'une faculté mentale ou d'un pouvoir plus élevé, la volonté elle-même améliore, approfondit, élargit et renforce les voies qu'elle emprunte pour se manifester. Par conséquent, nous n'utilisons l'expression « développement et culture de la volonté » que dans ce sens.

La culture de la volonté est en fait le processus qui permet de fournir à la volonté les instruments mentaux adéquats favorisant une meilleure expression et une meilleure manifestation de la volonté, et qui l'encourage à utiliser ces instruments. La volonté est toujours là, avec toute sa puissance. C'est à vous de l'inciter adéquatement à agir et de lui ouvrir les voies de l'habitude et de l'utilisation grâce auxquelles elle se manifestera. Étrangement, vous devez faire appel aux pouvoirs mêmes de la volonté pour fournir à celle-ci les conditions préalables à sa plénitude d'expression. En définitive, la volonté elle-même doit *vouloir* se donner les instruments de son désir. La volonté doit *vouloir vouloir* et elle doit concrétiser les instruments de sa volonté future. Mais la volonté accepte toujours d'agir ainsi lorsqu'elle est adéquatement sollicitée.

Nous n'avons pas à insister sur le fait qu'il est souhaitable que vous possédiez un pouvoir de volonté qui soit bien développé et bien formé. Vous savez, par votre expérience et votre observation, que celui qui a une forte volonté est un individu fort, un individu qui impose le respect. Vous savez ainsi que celui qui a une faible volonté est un individu faible, qui inspire la pitié sinon le mépris. Vous avez peut-être commis l'erreur cependant de supposer que ceux qui possèdent une forte volonté sont des individus particulièrement choyés et favorisés par la Nature, ou par des puissances supérieures à la Nature. Vous faites peut-être partie de ceux qui croient que la force de volonté s'apparente à la taille, à l'apparence ou à d'autres caractéristiques personnelles du même genre dont ont été gratifiés certains individus, et auxquelles les autres ne peuvent pas espérer accéder s'ils ne les ont pas eues dès la naissance.

Si vous croyez en cette notion erronée, il est temps de vous en défaire. Les psychologues avisés ont un tout autre point de vue de la chose. Bien qu'ils reconnaissent le fait que, pour certains individus, la manifestation du pouvoir de la volonté est plus facile au début, qu'elle « vient plus naturellement » à certains qu'à d'autres, ceux qui ont soigneusement étudié le sujet savent qu'il est tout aussi vrai que tout individu possède en lui une abondance de ce pouvoir latent de la volonté, pouvoir qu'il peut développer et former à un merveilleux degré en faisant appel aux méthodes scientifiques appropriées. De fait, l'expérience a démontré que nombre des individus qui ont ainsi acquis un degré élevé de pouvoir de la volonté peuvent en provoquer la manifestation de façon plus continue et habituelle que plusieurs de ceux qui en ont été « gratifiés à la naissance » mais qui n'ont pas appris à s'en servir efficacement.

Il est vrai que pour développer et former le pouvoir de votre volonté vous devrez en provoquer l'activité et faire appel, jusqu'à un certain degré, à votre volonté proprement dite ; vous découvrirez ainsi qu'une fois le pouvoir de votre volonté mis en activité, la quantité de pouvoir dont vous disposerez sera égale à vos besoins. Il est possible de commencer avec un degré beaucoup moindre de pouvoir de la volonté que celui que possède l'individu moyen, puis de procéder, étape par étape, de manière à en augmenter constamment le taux de réalisation et de développement, jusqu'à ce que soit atteint l'objectif poursuivi. L'application même du pouvoir de la volonté à la tâche de se développer elle-même par une formation spéciale s'accompagne d'un éveil correspondant de ses énergies latentes ; l'utilisation du pouvoir de la volonté en ce sens tend à renforcer et à stimuler son pouvoir de manifestation dans d'autres directions.

Nous vous demandons de prendre bonne note de cette situation particulière. Le pouvoir de la volonté ne peut être développé et formé que par lui-même. Le pouvoir de la volonté est nécessaire à quiconque désire développer et former le pouvoir de la volonté. Le pouvoir de la volonté se développe et se forme lui-même. Le pouvoir de la volonté consacre son énergie à lui-même et parvient ainsi à se perfectionner et à s'améliorer. Les autres facultés et pouvoirs mentaux doivent faire appel au pouvoir de la volonté pour se perfectionner, mais le pouvoir de la volonté n'a besoin d'aucune aide extérieure et ne peut en obtenir aucune ; il doit toujours s'en remettre à ses propres pouvoirs inhérents pour se développer ou s'améliorer. Si vous étiez dépourvu de pouvoir de la volonté, vous seriez incapable d'en développer un car vous ne disposeriez d'aucune base pour ce faire. Mais heureusement, vous possédez la volonté nécessaire pour commencer, même si elle n'existe qu'à l'état latent ou endormi. Le pouvoir de la volonté est votre héritage, et il sera à votre service si vous l'exigez.

En utilisant le pouvoir de la volonté pour développer le pouvoir de la volonté, non seulement tracez-vous une voie mentale qu'empruntera par la suite la volonté, mais vous renforcez et développez également la volonté elle-même en construisant de tels sentiers ou chemins. En créant les outils qu'utilisera la volonté, vous rendez aussi la volonté elle-même plus forte, meilleure et plus efficace. Nous avons ici une frappante illustration de la parole biblique qui dit : « À celui qui possède, tout sera donné. » Plus votre volonté persistera et continuera à s'efforcer de développer et de former le pouvoir de votre volonté, plus forte sera votre volonté en raison des efforts qu'elle y aura consacrés. En attelant le pouvoir de la volonté à la tâche, vous augmenterez ce pouvoir. Ce fait est très significatif, et vous devez éviter de l'oublier. Plus vous dépenserez de volonté et plus vous en aurez ; c'est toujours ainsi que procède la volonté !

Ici, au tout début, vous devez réaliser qu'on n'arrive pas à former et à développer sa volonté sans peine. Il n'existe pas d'amulette pouvant prodiguer une forte volonté à celui qui n'en a pas. Il n'y a pas de drogue miraculeuse, dissimulée dans une attrayante capsule, qu'il suffit d'avaler pour devenir un véritable Samson du pouvoir de la volonté ou un Napoléon de la volonté. Il n'y a pas de formule magique pouvant transformer en un clin d'oeil un homme et lui donner la volonté d'un Titan. Ceux qui rêvaient d'un tel processus miraculeux et magique de transformation feraient bien de réaliser cela dès maintenant.

Mais il est également vrai que les merveilleux résultats que plusieurs ont rêvé d'obtenir en faisant appel à quelque forme de pouvoir miraculeux ou magique peuvent être obtenus, à condition que vous vous mettiez à la tâche dans de bonnes dispositions d'esprit et que vous soyez fermement déterminé à réussir. Vous pouvez obtenir le plus éclatant des succès en ce sens, mais vous devez y travailler, tout comme vous devez travailler pour obtenir la moindre chose valable dans la vie. Tout comme vous pouvez vous développer physiquement en vous adonnant à la culture physique, vous pouvez développer le pouvoir de votre volonté grâce à des méthodes et à des exercices scientifiques. C'est, bien sûr, la seule façon d'y parvenir. Il n'y a aucun autre moyen d'acquérir le pouvoir de la volonté. Par ailleurs, vos efforts seront grandement récompensés ; de plus, une fois les premières étapes franchies, vous verrez votre intérêt s'accroître et vous serez encouragé par les nombreuses petites indications du développement du pouvoir de votre volonté qui se manifesteront dès le début.

Nous voudrions maintenant attirer votre attention sur un autre fait important et intéressant concernant la tâche du développement et de la formation du pouvoir de la volonté. Bien que la discipline et l'exercice de la tâche supposent certains sacrifices personnels, comme de vous défaire de certaines petites habitudes par exemple, vous serez plus que récompensé par le plaisir qui résultera de la conscience de l'épanouissement de nouveaux pouvoirs en vous. Les nouveaux intérêts supplanteront bientôt les anciens, et la joie de la possession l'emportera sur le prix des privations.

Dans le même ordre d'idées, nous attirons votre attention sur le fait que nulle application intelligente du pouvoir de la volonté ne constitue une perte, car c'est effectuer un dépôt à la banque de la volonté, et cette banque accorde un attrayant taux d'intérêt. Vos dépenses sont transformées en économies placées dans un fonds de réserve comportant un taux d'intérêt élevé. Cela devrait à coup sûr constituer une proposition attrayante pour vous.

Nous présumons que vous avez déjà développé au moins le degré moyen de pouvoir de la volonté. Le fait que vous ayez entrepris l'étude de ce livre prouve que vous avez à tout le moins développé un certain degré de « volonté de vouloir », que vous connaissez la valeur du pouvoir de la volonté et que vous désirez en posséder et en manifester davantage. Nous procéderons donc en tenant ce fait pour acquis, même lorsque nous semblerons prodiguer un enseignement destiné à ceux qui possèdent un moindre degré de réalisation. Ne commettez pas l'erreur de négliger l'une ou l'autre des phases de notre enseignement, aussi élémentaires et simples qu'elles soient, simplement parce que vous êtes rendu plus loin et que vous croyez n'avoir pas besoin de cet enseignement. La règle est la suivante : *Ce qui transformera une volonté faible en une volonté forte, rendra une forte volonté plus forte encore.* La méthode ou l'exercice le plus élémentaire peut aussi être profitable à ceux qui ont déjà une très grande force de volonté, surtout lorsque leur force n'a pas été formée ou dirigée efficacement.

Si vous cherchez, en utilisant les méthodes que présente ce livre, à diriger les efforts d'un ami ou d'une connaissance qui fait preuve d'une faible volonté, nous pouvons affirmer que vous êtes sur la bonne voie. Il n'y a pas d'exception à la règle voulant que le pouvoir de la volonté puisse se développer et se former chez n'importe quel individu. Qui veut peut. Il y a une volonté latente en chacun de nous, même chez ceux dont la volonté est la plus faible. De plus, ceux dont la volonté est malade ou découragée peuvent être certains qu'un effort adéquat leur permettra de se tirer de leur mauvaise situation. Il n'existe aucun individu qui n'a pas droit au bénéfice de la culture de la volonté. Il n'y a pas d'individu assez faible, assez vieux ou ayant accumulé assez d'échecs au plan de la volonté pour qu'on ne puisse lui dire : « La porte de l'espoir t'est toujours ouverte ; pénètre dans le royaume de ta volonté éveillée ! »

Dès maintenant, au tout début de notre enseignement, nous allons vous demander de vous rappeler une expérience de votre jeunesse ; si vous avez jamais vécu à la campagne, vous comprendrez le principe que nous avançons. Nous faisons allusion au processus qui nous permettait d'amorcer la bonne vieille pompe de la ferme en y déversant d'abord un seau d'eau afin d'actionner le mécanisme interne qui permettait d'activer le manche et de pomper de l'eau. Maintenant nous allons vous demander d'amorcer la pompe du pouvoir de votre volonté de façon à la mettre en marche. Plus tard, vous découvrirez de bonnes suggestions quant à ce que vous devriez déverser dans la pompe du pouvoir de la volonté au cours du processus d'amorçage. Déversez ces substances, et vous sentirez bientôt monter le pouvoir de la volonté — la volonté de vouloir.

L'amorçage de la pompe du pouvoir de la volonté

1. Commencez par réaliser à quel point vous désirez vraiment acquérir une volonté forte et efficace. Laissez les

sentiments de votre subconscient s'élever à la surface de votre conscience. Vous découvrirez que vous avez de très forts sentiments sur le sujet; donnez à ces sentiments la pleine possession de votre esprit. Permettez au désir du pouvoir de la volonté d'imprégner votre être tout entier. Ne vous satisfaites pas avant que votre désir de pouvoir de la volonté soit aussi intense que le désir d'air de celui qui se noie, le désir de nourriture de l'affamé, le désir d'eau de celui qui a soif, le désir de partenaire du fauve et le désir que ressent la femelle à la recherche de ses petits. Avant de pouvoir obtenir quoi que ce soit, vous devez *le vouloir suffisamment*.

II. Imaginez-vous comme si vous possédiez déjà une forte volonté. Voyez-vous mentalement en train d'agir comme l'individu doté d'une volonté colossale. Voyez-vous comme quelqu'un qui est animé d'une invincible détermination, qui se fixe un objectif et le poursuit jusqu'à la victoire ou la mort. Voyez-vous comme celui qui possède cette forte et infatigable volonté et qui abat les difficultés et les dangers comme on se fraie un chemin dans la jungle. Voyez-vous animé de ce but précis qui demande à être réalisé et qui ne peut être écarté. Voyez-vous animé de cette volonté passionnée et inusable qui permet d'accomplir des choses qui semblent impossibles aux yeux des gens froids et faibles. Voyez-vous comme celui qui ne cédera pas aux aléas de la vie, mais qui les forcera plutôt à lui céder et qui obligera les circonstances à servir ses buts et ses desseins, même si elles semblent à prime abord déterminées à lui faire obstacle. Voyez-vous animé de cet esprit de la volonté, de cet esprit décisif qui créera un espace autour de vous, vous donnant ainsi toute la liberté d'action nécessaire. Méditez sur les lignes suivantes d'Ella Wheeler Wilcox après les avoir mémorisées :

« Il n'est pas de chance, de destin, de sort,
Qui puisse faire obstacle ou imposer sa volonté
À la ferme résolution d'une âme déterminée.

Les dons ne comptent pour rien, seule la volonté est grande;
Tout lui cède tôt ou tard.
Quels obstacles peuvent résister à la puissante force
De la rivière qui court vers la mer,
Ou ralentir la course du soleil?
Toute âme doit obtenir ce à quoi elle a droit.
Laissons le fou croire au hasard. Le fortuné
Est celui dont l'objectif ne chancelle jamais,
Dont la moindre action, ou inaction,
Poursuit un unique et grand objectif. Car la Mort elle-même
S'immobilise et attend parfois une heure
Devant une telle volonté. »

III. Ensuite, voyez sérieusement si vous êtes prêt et disposé à payer le prix de l'effort, de l'exercice et de la formation nécessaires à l'acquisition d'un puissant pouvoir de la volonté. Faites preuve d'intégrité en cette matière; n'essayez pas de vous mentir. Pesez soigneusement les avantages que vous retirerez de l'acquisition des qualités et des pouvoirs que vous entrevoyez dans l'image mentale que vous venez d'examiner. Comparez ceux-ci à la somme de travail, de temps, d'attention et de discipline mentale qui constitue le prix de la réalisation de votre objectif. Examinez le «prix» qu'il vous faudra payer pour ces «biens» et voyez si vous en aurez vraiment pour votre argent.

Vous devez régler cette question une bonne fois pour toutes, dès maintenant, au tout début de ce livre; vous devez éviter de vous la poser au cours des stades subséquents de cet enseignement, où elle vous nuira et vous tourmentera. Si vous vous apercevez que vous n'êtes pas prêt à payer ce prix, très bien. Dans ce cas, fermez ce livre et oubliez-en le sujet: Laissez-le aux âmes plus courageuses et déterminées. Mais si vous décidez, comme nous le croyons, que «le jeu en vaut la chandelle» et que «le prix à payer est minime par rapport à la valeur des biens», concluez un contrat avec vous-même et procédez de la manière suivante:

Une fois *tout à fait décidé*, entreprenez le développement de votre volonté avec une pleine détermination et une ferme résolution. Vous devez non pas manifester une résolution passive ou tiède, mais une résolution vive, réelle et virile, que votre courage vous obligera à réaliser. Vous devez être animé de la volonté de vouloir à cet égard. Vous devez consacrer toute la force de votre être à la tâche de cette détermination résolue. Vous devez désormais être prêt à agir de la manière que vous avez envisagée il y a quelques minutes. Vous devez brûler les ponts derrière vous et vous engager sur la voie où nul ne peut reculer.

Adoptez le cri de guerre suivant: *Je peux, je veux; j'ose, je fais!* Inspirez-vous-en constamment. Dans vos moments de lutte, d'efforts, de combat contre les forces de la léthargie, de l'apathie, de l'inertie, et contre la tentation de dévier de votre décision, répétez ce cri de guerre de façon insistante et persistante. Dans les moments de découragement, lorsque le tentateur murmure à votre oreille: « À quoi bon? », faites appel aux vibrations de votre cri de guerre. Et finalement, dans les moments de triomphe, lorsque vous vous félicitez de vos réalisations, avec ce plaisir indéfinissable qui n'est donné qu'à celui qui a surmonté les obstacles à force de persistance, de détermination et de volonté, que ce soit le cri vibrant de votre victoire!

Répétez sans cesse ce cri, jusqu'à ce que ses vibrations fournissent de l'énergie à chaque atome et cellule de votre être. Laissez-en le rythme éveiller en vous l'excitation du pouvoir de la volonté, jusqu'à ce que le *Je peux, je veux; j'ose, je fais* résonne au coeur même de votre être. À nouveau, répétez-le sans cesse, jusqu'à ce que vous vous rendiez pleinement compte que ses vibrations se produisent, et que toute la puissante structure de votre être frémit, frissonne et palpite sous les vibrations rythmiques de l'énergie de votre détermination persistante, l'esprit de votre volonté de vouloir maintenant éveillée.

Cela constitue l'eau de l'idée suggestive et de l'imagerie mentale, de la voie précise et de l'objectif déterminé, que vous déverserez dans la pompe de votre volonté afin de l'amorcer et de la mettre en marche — et il ne fait aucun doute que vous la mettrez en marche !

2

La nature de la volonté

La psychologie se trouve confrontée à un paradoxe lorsqu'elle entreprend d'étudier la volonté. Bien qu'elle puisse clairement indiquer les diverses étapes de l'activité de la volonté et qu'elle puisse décrire avec certitude les méthodes grâce auxquelles on peut développer et former la volonté, la psychologie est dans la plus complète perplexité lorsqu'elle tente de définir la nature essentielle de la volonté et se voit dès lors forcée d'expliquer celle-ci en se contentant d'en énumérer les diverses activités.

La volonté est insaisissable. Lorsque nous croyons l'avoir cernée et pouvoir en examiner la nature essentielle, nous découvrons que nous n'avons saisi que l'une de ses innombrables phases d'activité; la volonté en soi refuse d'être confinée aux instruments de nos études, nous défiant de la réduire à une définition satisfaisante. En comparaison de la connaissance que nous avons de la nature fondamentale des émotions, de la raison, de la mémoire et de l'imagination, notre connaissance de la nature essentielle de la volonté est des plus insatisfaisantes. Nous savons néanmoins que nous possédons une volonté et qu'elle se manifeste, et nous savons comment former notre volonté et comment développer son pouvoir.

Il nous suffit de tenter de définir la volonté, même en faisant appel aux meilleurs dictionnaires, pour réaliser à quel point notre connaissance intuitive et directe de sa présence, de ses pouvoirs et de ses activités est éloignée des définitions possibles que nous pouvons lui donner. Si l'on consulte les dictionnaires, on découvre qu'on y définit la volonté comme étant « ce pouvoir de l'esprit qui permet à un individu de choisir entre deux partis ; également, l'exercice de la liberté de choix » ; et, dans un sens secondaire, « un puissant souhait ou inclination ; un désir ou sentiment volitif ». Les dictionnaires nous informent de plus que la liberté de choix est l'attribut distinctif de la volonté et que l'exercice de ce pouvoir pourrait s'appeler de manière plus appropriée « volition ».

Mais cette définition ne correspond pas au concept plus global rattaché au terme « volonté » que partagent la plupart d'entre nous ; de plus, elle ne correspond pas tout à fait à l'enseignement de la psychologie moderne. La plupart d'entre nous, lorsque nous employons le terme « volonté », avons en tête le puissant et déterminé pouvoir de l'ego ou JE SUIS MOI. Nous savons que réside en nous une puissante force dynamique qui, lorsqu'elle est appliquée en vue d'un objectif arrêté et déterminé, peut agir avec énormément de force, surmontant les obstacles, abattant les barrières et balayant les oppositions. De plus, la psychologie moderne nous informe que la volonté a toujours l'action pour corollaire, et que sans action le processus de la volonté demeure incomplet.

Dans le présent ouvrage, nous considérons la volonté comme étant essentiellement préoccupée par l'action et se manifestant de façon plus caractéristique dans le cadre des états d'esprit que nous connaissons sous les noms « d'intention » et de

« détermination ». Nous considérons toutes les autres phases de la volonté comme étant simplement les résulantes de cette intention déterminée, à laquelle elles contribuent. En adoptant cette voie, nous croyons que nous mettrons l'accent sur l'aspect pratique du pouvoir de la volonté, et que nous dirigerons cette étude et cet enseignement vers l'aspect qui vous sera le plus avantageux dans la réalisation de vos buts et de vos objectifs, de vos ambitions et de vos espoirs.

Le terme *intention* semble exprimer de manière satisfaisante le sens et le concept que recouvre la volonté. On le définit comme étant *la vue, le but, le dessein, la détermination, la résolution ou la volonté d'atteindre un objectif défini.* Une autre définition s'énonce comme suit : *Ce que l'individu se fixe comme objet à atteindre ou à obtenir ; la fin ou le but que l'individu a en vue en rapport avec un projet ou une entreprise ; ce qu'il compte faire, ce dont il a l'intention, son dessein, son plan, son projet.* On dit aussi : *Avoir l'intention, le dessein, la détermination ou la résolution d'obtenir ou d'accomplir quelque chose.* Le terme *détermination*, dans cette acception particulière, se définit comme étant *une force ou fermeté de l'esprit ; une ferme résolution ; une direction absolue vers un certain but.*

Dans l'état d'esprit qu'est l'intention déterminée, ainsi que dans l'action qui en résulte, nous avons à tout le moins un principe admissible de la phase du pouvoir de la volonté qui nous intéresse au premier chef dans cet ouvrage. Nous examinerons et appliquerons les principes des autres phases de la volonté expressément dans le but de réaliser cette phase de « l'intention déterminée » du pouvoir de la volonté. Nous vous demandons de bien vous imprégner l'esprit de ce principe et d'en tenir compte tout au long de cette étude et de cet enseignement. Mémorisez l'expression *intention déterminée.*

Nous croyons qu'il importe de vous présenter maintenant un bref résumé général des cinq stades de la volonté, stades que manifeste tout processus de la volonté en vue de s'exprimer activement. Mieux vous comprendrez les processus de la volonté et plus vous serez capable de vouloir. Voici les cinq stades de la volonté: (1) Le sentiment et l'émotion; (2) le désir et l'impulsion; (3) la délibération et la considération; (4) la détermination et la décision; (5) l'expression et l'action volontaires. Voici une brève description de chacun de ces cinq stades.

(1) *Le stade du sentiment et de l'émotion.* Le *sentiment* se définit comme étant *l'aspect agréable ou désagréable de tout état d'esprit.* L'émotion est l'aspect complexe du sentiment. Le sentiment est l'élément indispensable de tous les états émotionnels. Bien que le sentiment en soi ne puisse être considéré comme une phase ou un aspect de la volonté parfaite, il est néanmoins vrai que le sentiment est l'une des « matières premières » de la volonté active. En d'autres mots, toutes les activités de la volonté sont enracinées dans le sentiment et l'émotion. Ce fait n'est pas admis par l'individu moyen, mais il doit être admis par tout individu qui analyse et examine les processus de sa volonté. Nous incluons bien sûr dans la catégorie du sentiment et de l'émotion les sentiments et émotions moraux et religieux, de même que toutes les autres formes de sentiment et d'émotion.

On a dit avec raison que les phénomènes du monde n'ont de valeur à nos yeux que dans la mesure où ils touchent nos sentiments. Nous reconnaissons l'importance de ce fait lorsque nous réalisons que toutes les activités de la volonté procèdent du désir, et que le désir n'est que la phase ou l'aspect actif du sentiment. Nous ne voulons faire que ce que nous désirons faire; et nous ne désirons faire que ce que nos sentiments nous permettent d'envisager comme étant souhaitable et satisfaisant, plutôt que le contraire. Lorsqu'un sujet ou un objet ne suscite aucun intérêt ou sentiment agréable — s'il ne nous est ni intéressant, ni attrayant — nous ne ressentons aucun désir ou aucune impulsion de posséder ou de faire quoi que ce soit en vue d'obtenir cet objet ou ce sujet. Si nous ne ressentons pas d'aversion ou de répulsion (également des phases du sentiment) envers un sujet ou un objet, nous ne ressentons alors aucun désir ou impulsion nous poussant à éviter ou à fuir, à nous défaire ou à nous éloigner de ce sujet ou de cet objet. En l'absence de sentiments ou d'intérêts agréables ou désagréables à l'égard d'un objet donné, nous ne ressentons aucun désir ou impulsion d'agir de quelque façon que ce soit en ce qui concerne cet objet ; dans un tel cas, il n'a pour nous aucune valeur au plan de la volonté.

Si le sentiment et l'émotion étaient éliminés de notre être mental, tout nous semblerait absolument inintéressant. Dans un tel cas, comme le dit l'expression familière, tout nous serait égal ; nous ne voudrions rien, pas plus que nous ne voudrions poser quelque geste que ce soit pour obtenir quoi que ce soit. Par ailleurs, nous ne détesterions rien ni ne voudrions poser quelque geste que ce soit en vue de fuir ou d'éviter quoi que ce soit. Dans un tel cas, notre volonté serait à ce point passive et inerte qu'elle pourrait tout aussi bien ne pas exister.

(2) *Le stade du désir et de l'impulsion*. L'élément actif essentiel du désir et de l'impulsion s'appelle en psychologie « volition », c'est-à-dire *l'élément de la conscience qui se manifeste sous forme de tendances, d'impulsions, de désirs et d'actes de la volonté ; il s'agit essentiellement d'un état d'insatisfaction qui se manifeste chaque fois qu'un état d'esprit tend, de par sa nature, à se transformer.*

Le *désir* se définit comme suit : *Une tendance volitive vers ce qui promet une satisfaction et un contentement émotionnels,* ou une fuite de ce qui est prometteur d'insatisfaction et de mécontentement. Le désir a pour objet la satisfaction d'une certaine forme de sentiment agréable, ou la fuite d'une certaine forme de sentiment douloureux. Ce sentiment agréable ou douloureux peut toutefois porter sur des événements (a) immédiats ou (b) éloignés; de la même manière, ces événements peuvent concerner (c) l'individu lui-même ou (d) d'autres personnes auxquelles il s'intéresse ou auxquelles il est lié par les liens de l'affection ou de la sympathie. Quelle que soit la complexité des sentiments pouvant provoquer les impulsions volitives du désir, leur ultime analyse démontrera que le sentiment de base est celui qui est inspiré par quelque promesse de plaisir ou de douleur, immédiat ou éloigné, direct ou indirect, susceptible de se réaliser pour l'individu.

Le désir est le lien existant entre le sentiment et la volonté. D'un côté il se confond avec le sentiment, et de l'autre avec la volonté. Son existence dépend du sentiment, et son expression de la volonté. Le désir se manifeste toujours sous la forme d'un « vouloir » ou « vouloir faire » plus ou moins défini, accompagné d'un étrange sentiment de tension, connu sous le nom d'impulsion. Plus le désir est fort, et plus cette tension de l'impulsion — ce besoin volitif d'agir — est forte.

Le sentiment et l'émotion qui inspirent le désir peuvent se manifester ouvertement au plan de la conscience, ou peuvent plus ou moins se dissimuler dans les replis du subconscient; ils peuvent aussi adopter la forme de l'habitude. Mais où qu'ils soient et quelle que soit la forme qu'ils adoptent, ils sont toujours le sentiment et l'émotion au stade de la transformation en l'énergie volitive du désir, et ils cherchent toujours à se libérer sous forme d'action volontaire.

(3) *Le stade de la délibération et de la considération.* La *délibération* est *l'action de délibérer ou de soupeser dans l'esprit.*

À ce stade, vous êtes confronté à diverses lignes de conduite, ou à la question de « faire ou ne pas faire » concernant un fait en particulier. Cependant, dans chaque cas de délibération, vous découvrirez que chaque ligne de conduite implique certaines phases du désir, c'est-à-dire certaines tendances à atteindre ou à obtenir un objet prometteur de satisfaction et de contentement émotionnels, ou à fuir et éviter un objet prometteur d'insatisfaction et de mécontentement.

Ces alternatives que le désir adresse à la volonté présentent des attirances ou des répulsions émotionnelles conflictuelles, ou les deux à la fois ; il vous suffit de les comparer, de les opposer l'une à l'autre, jusqu'à ce qu'enfin vous preniez une décision. Dans de tels cas, vous vous verrez en train de déguster mentalement ces divers plats de nourriture émotionnelle, notant les qualités agréables ou désagréables de chacun et vous efforçant de voir quels sont ceux qui sont les plus prometteurs de satisfaction et d'insatisfaction, de contentement et de mécontentement.

Le fait qu'au cours de ce processus de délibération vous puissiez faire appel à la raison, à la mémoire, à l'imagination et à d'autres facultés ou pouvoirs de l'esprit pour vous assister dans votre prise de décision, ne doit pas vous entraîner à négliger le rôle de première importance qu'y joue le désir. Vous découvrirez qu'en fin de compte vous avez opté pour la ligne de conduite qui vous promet le plus de contentement émotionnel et le moins d'insatisfaction et de malaise. Vous aurez fait appel à la raison et à ses facultés et pouvoirs secondaires pour vous permettre de découvrir les choix les plus prometteurs de valeur émotionnelle ultime et permanente en fonction de votre contentement et de votre bien-être. On découvre que les « raisons » qui motivent les décisions menant à l'action de la volonté sont toujours fondées sur des motifs de ce genre.

(4) *Le stade de la détermination et de la décision. La détermination* (dans le sens où nous l'entendons) se définit comme suit : *L'action de terminer ou de mettre fin à quelque chose ; le stade de la décision.* À cette étape, les processus de délibération ou d'évaluation des motifs sont menés à terme, et la décision est prise. Anciennement, la psychologie considérait qu'il s'agissait là de l'acte ultime et final de la volonté. Bien sûr, cela serait vrai si nous pouvions accepter l'ancienne définition de la volonté : « La faculté qui choisit ou fait des choix. » Mais compte tenu des conceptions et définitions ultérieures de la volonté selon lesquelles celle-ci est essentiellement préoccupée d'action, nous reconnaissons la nécessité de poursuivre plus avant notre étude.

Il existe une différence marquée entre le fait de « se faire une idée » ou même de « décider d'agir » et l'exécution même du geste que l'on a décidé de poser. Il arrive souvent qu'on « se fasse une idée » et qu'on « décide d'agir » pour ensuite négliger d'agir ou d'appliquer sa décision. Cette distinction est illustrée par William James, dans sa célèbre histoire de l'homme qui « se fait une idée » et qui « décide » de se lever dans la fraîcheur du matin aussitôt que son réveil se fait entendre : Il lui arrive fréquemment d'avoir à « se faire une idée » et à « se décider » à plusieurs reprises avant d'exprimer finalement cette pensée par le geste approprié.

Donc, au cours de cette étude, de cet enseignement, nous avons pris connaissance de cette phase ultérieure de la détermination qui se définit comme étant *une force et une fermeté de l'esprit ; une ferme résolution ; une direction absolue vers un certain but.* Au cours de cette phase du stade de la détermination, on atteint le processus de l'intention déterminée ; ici, le stade de la détermination se confond avec celui de l'action volontaire pour former un tout.

(5) *Le stade de l'expression et de l'action volontaires. L'action volontaire* se définit comme étant *l'action et le mouvement suscités par le pouvoir de la volonté.* Il s'agit du stade final de la volonté, de la volonté dans tout son épanouissement. C'est en vue de cet objectif que la volonté a combattu et lutté, et ses efforts ont provoqué l'activité de tous les processus des stades ou phases précédents de la volonté. L'action volontaire est l'esprit même de la volonté. Sans la manifestation de l'action volontaire, le processus de la volonté est pratiquement incomplet.

La détermination est la décision de vouloir ou, dans ses phases plus actives, la résolution, l'intention déterminée de vouloir ; ou encore, dans sa manifestation la plus intense, la volonté même de vouloir. Mais dans l'action volontaire nous retrouvons ce que nous avons appelé « la volonté désireuse d'agir et de se manifester en tant que volonté ». Ici, le JE SUIS MOI a appuyé sur la gâchette de la volonté. Le ressort de l'action a été déclenché. La volonté se met elle-même en oeuvre ; elle se met au travail. Non seulement la volonté veut-elle vouloir, mais elle se manifeste et s'exprime pleinement. Nous avons ici la véritable volonté, la volonté exprimant son intention, sa détermination, ses pleins pouvoirs et sa nature innée.

Nous avons ici la phase de la volonté qui échappe à notre définition et à nos termes formels, parce que nous ne disposons d'aucun terme autre que ceux de la volonté elle-même pour la définir. Au cours des phases ou stades antérieurs, nous pouvions employer les termes « sentiment », « désir » ou « raison » pour tenter de définir la nature des processus de tels stades ou phases, mais ici nous n'avons rien que l'on puisse comparer à la volonté, car il n'existe rien de semblable. La volonté est unique — *sui generis* — seule de sa catégorie ; elle fait partie d'une classe à part. Vous ne pouvez espérer saisir intellectuellement sa nature essentielle, mais vous pouvez la connaître et la sentir en vous, comme le plus intime instrument, outil ou pouvoir du JE SUIS MOI, de l'ego, du soi !

L'expression et l'inhibition. Il y a deux phases ou formes générales de l'action volontaire avec lesquelles vous devez vous familiariser. La première phase ou forme est celle de l'expression ; ici l'action de la volonté se dirige vers l'expression et la manifestation véritables des états d'esprit qui animent et inspirent la volonté. La seconde phase ou forme est celle de l'inhibition, où l'action de la volonté tend à surveiller, à restreindre, à retenir ou à inhiber l'expression de certains états d'esprit insistants mais douteux qui cherchent à pousser la volonté à agir ; ici l'effort s'exerce en réaction aux états d'esprit opposés et plus forts qui ont remporté le conflit de la volonté au cours du stade de la délibération et de la décision. Dans l'inhibition, la volonté est utilisée pour aveugler, bloquer et restreindre l'activité de l'ensemble des désirs rejetés qui se manifestent sans cesse pour tenter de renverser la première décision de la volonté.

Plusieurs considèrent la phase de l'expression comme étant l'activité caractéristique de l'action volontaire, et d'un certain point de vue cela est correct. Mais ne perdez jamais de vue le fait que celui qui manifeste de l'inhibition lorsque la nécessité se présente et que la sagesse lui dicte cette ligne de conduite n'est pas moins animé d'un très grand pouvoir de la volonté. En fait, celui qui fait preuve d'une forte volonté ne parvient généralement à une totale expression qu'après avoir manifesté une certaine inhibition lui permettant d'écarter de très forts désirs et impulsions opposés aux valeurs primordiales de sa volonté. Dans bien des cas en effet la personne fera preuve, dans l'inhibition, d'un degré aussi puissant de pouvoir de la volonté que celui que requiert le processus d'expression. Il est souvent aussi difficile de ne pas faire quelque chose que de faire quelque chose.

La personne qui manifeste une intention déterminée et un fort pouvoir de la volonté se distingue surtout en raison du fait qu'elle est capable de garder en tête un unique idéal ou un unique ensemble d'idéaux — un seul ensemble de motifs primordiaux, un seul objectif précis, une seule valeur première — pour ensuite, de manière résolue, déterminée et même brutale, chasser de sa volonté toute tendance et désir, inclination et impulsion, envie et besoin conflictuels et opposés à son idéal. Pour mettre en activité ce grand idéal unique, une telle personne doit nécessairement inhiber et restreindre un grand nombre d'inclinations, d'idées, d'envies, de besoins et de désirs de moindre importance. Pour réaliser un unique grand objectif, il vous sera souvent nécessaire de *ne pas faire* de nombreuses autres choses opposées à cet unique grand objectif.

Au cours des exercices qui font partie de cette instruction, vous devrez manifester cette phase de l'inhibition du pouvoir de la volonté. En ce faisant, vous progresserez vers l'acquisition d'une volonté colossale. Ce n'est pas que les actions et désirs inhibés soient maléfiques, mais il s'agit pour vous, en raison d'une telle action délibérée et déterminée de la volonté, de développer les muscles de votre volonté et d'apprendre à résister aux puissants assauts du désir qui visent à entraîner votre volonté.

C'est lorsqu'on les tient bien en main que les coursiers du désir répondent sans dévier aux buts qui leurs sont propres ; mais laissés à eux-mêmes, ils s'emballent souvent et risquent de renverser le chariot, et peut-être même de tuer son conducteur. Leur entraînement réside dans l'alternance de la stimulation et de l'inhibition, exercées de façon délibérée et déterminée. Le but de l'entraînement est de rendre forte, ferme et tenace la fibre de votre volonté par la pratique et l'exercice. En entraînant votre désir à se soumettre au contrôle de la volonté exercée intelligemment, et en entraînant votre volonté à contrôler intelligemment votre désir, non seulement pouvez-vous acquérir l'art de l'action volontaire efficace, mais vous pouvez aussi former le désir à manifester pleinement ses merveilleux pouvoirs, ou encore à maîtriser ses forces lorsque l'objet de l'intention déterminée est mieux servi par une telle retenue.

L'expression et l'inhibition sont les deux grands leviers de la machinerie de votre volonté. Apprenez à utiliser efficacement chacun d'eux en vous guidant sur votre raison, et à les appliquer à la réalisation de vos motifs primordiaux, de vos valeurs premières, de vos grands idéaux.

3

La volition

Dans le développement et la formation du pouvoir de votre volonté, vous devez vous familiariser soigneusement avec les divers stades ou phases de la volonté, afin de pouvoir maîtriser chacun d'eux. Pour acquérir le parfait contrôle des processus de votre volition, vous devez en maîtriser chacune des phases de l'activité générale. Vous devez vous attaquer aux détails du sujet, pour conquérir chacune des phases ou subdivisions qu'il comporte. Lorsque vous aurez conquis les diverses subdivisions ou phases du sujet, vous découvrirez que vous en avez conquis la totalité.

Si vous n'avez pas encore fait la conquête du pouvoir de la volonté, vous vous rendrez sans doute compte que votre échec est dû au fait que vous avez commis l'erreur d'attaquer de front le camp opposé, dirigeant votre attaque sur son point le plus fort, celui qui est en mesure de vous opposer le maximum de sa force défensive. De telles tentatives sont habituellement vouées à l'échec. Le général avisé attaquera les flancs de l'ennemi, coupant ses sources de ravitaillement pour ensuite s'en prendre au reste. Cette méthode d'attaque est la stratégie que nous vous demanderons de suivre dans ce livre. Nous vous enseignerons comment prendre le contrôle des bases de ravitaillement et comment vous attaquer ensuite à un flanc, puis à un autre, jusqu'à ce que vous ayez obtenu le contrôle et la maîtrise des forces d'organisation tout entières du pouvoir de la volonté. Une fois cela accompli, vous pourrez mettre ces forces captives à votre service, les mettant en oeuvre pour vous plutôt que contre vous.

Commencez votre attaque sur cette aile de l'armée de la volonté que l'on peut appeler la phase générale de la volition. Nous incluons dans cette catégorie les phases de la volonté que sont le sentiment et le désir, phases dont nous avons parlé dans le chapitre précédent de ce livre.

La volition se définit comme suit : *L'élément de nos états d'esprit qui se manifeste sous forme de tendances, d'impulsions, de désirs et d'actes de volonté. La volition est essentiellement un état d'insatisfaction. Elle existe lorsqu'un état d'esprit tend, de par sa nature, à se transformer.* La volition se manifeste en tentant, en s'efforçant d'atteindre quelque chose dont l'idée ou l'image mentale existe dans le conscient ou le subconscient. L'exemple le plus typique est celui de la mémoire qui tente de se rappeler un nom dont le souvenir lui échappe momentanément. Sur le plan mental, la volition est comparable à ce qui, sur le plan physique, se manifeste sous forme de tension musculaire résultant de la contraction des muscles, ajouté à une sensation de nature agréable ou désagréable, selon le cas.

Dans un ouvrage de renom, on peut lire : « La volition est commune au désir, à l'envie, à l'aspiration, à l'appétit, à la soif, en fait à tous les états de conscience qui manifestent une tendance inhérente à aller au-delà d'eux-mêmes. Dans le désir, la conscience s'efforce de passer du fait du vouloir un objet à la possession de celui-ci ; ou alors, lorsqu'une idée désagréable pénètre la conscience — l'idée d'une situation embarrassante par exemple — la volition survient, et la conscience s'efforce de chasser l'idée désagréable. »

La volition est cet état d'esprit dans lequel l'élément sentiment du désir tend à se transformer en élément de volonté — où il transforme le « Je veux » ou « Je veux faire » en « Je fais ». Il suit la règle du désir qui provoque le mouvement en direction de la situation ou de l'objet promettant la plus grande satisfaction et le plus grand contentement émotionnels, et qui provoque l'éloignement de la situation ou de l'objet promettant la plus grande insatisfaction ou le plus grand mécontentement émotionnels. La volonté provient de l'affection; l'affection provient de l'émotion et du sentiment. L'affection dit : « J'aime »; le désir dit : « Je veux » ou « Je veux faire »; et la volonté dit : « Je fais ». Pour comprendre le phénomène de la volition, vous devez d'abord comprendre et maîtriser les sentiments, émotions et affections dont provient la volition.

Bien peu de gens réalisent que le sentiment, l'émotion, l'affection et le désir sont en fait des phases de la volonté. La psychologie nous informe cependant que la volition constitue le service de ravitaillement de l'armée du pouvoir de la volonté; qu'elle est la succursale de l'organisation du pouvoir de la volonté qui approvisionne les succursales actives du réseau des matériaux dont elles se servent dans leur travail et sans lesquels elles ne pourraient manifester leur activité. Il est très important que vous réalisiez pleinement ce fait, puisque vous devez entreprendre votre travail de développement et de formation de la volonté en acquérant le contrôle des processus des sentiments, des émotions, des affections et des désirs qui constituent ce qu'on appelle la volition.

Vous connaissez l'importance qu'on attache au fait d'avoir une forte volonté, mais sans doute ne savez-vous pas que sous la surface de cette précieuse qualité mentale, il doit toujours y avoir un désir puissant, ardent, insistant et persistant. Sans ce désir puissant, ardent et insistant, même la plus forte des volontés ne pourra entrer en activité. On a dit avec justesse que le désir est la flamme dont la chaleur génère la vapeur de la volonté. On s'aperçoit presque toujours que les personnes animées d'une forte volonté sont aussi animées d'un puissant désir. Ce que l'on appelle « aspiration » et « ambition » n'est en réalité qu'une forme spéciale de puissant désir, auquel l'idée procure une forme et une direction définies. De la même manière, toutes les formes d'aspirations religieuses, spirituelles ou morales sont des formes du désir.

La plupart des gens croient qu'ils ont un désir très développé au sein de leur être, mais en réalité, bien peu réalisent ce qu'est vraiment le désir. La grande majorité des gens croient que le désir est simplement un désir pâle et incolore, ou encore un simple et vague souhait qui constitue l'extension du développement de leur volition. En général, ils n'ont pas la moindre idée de ce que cela signifie ou de ce qu'on ressent quand on est envahi par cette faim, cette envie, cette soif du désir qui s'exprime en exigeant de manière insistante la situation ou l'objet désiré, plutôt que de le souhaiter tout bonnement, ou d'en avoir une vague envie.

Ces personnes n'ont aucune conception ni expérience de ce que c'est que de vouloir quelque chose avec autant de férocité, d'insistance, de persistance, d'ardeur et de vigueur que celui qui se noie veut de l'air, que la naufragé ou celui qui est perdu dans le désert veut de l'eau, que l'affamé veut de la nourriture, que le fauve désire son partenaire et que la mère veut le bien-être de ses petits. Jusqu'à ce qu'elles sachent par expérience ce que c'est que de vouloir de cette manière, elles ne savent pas vraiment ce qu'est le désir. Vous noterez que nous employons abondamment l'illustration précédente du désir ardent tout au long de cet enseignement. Nous le faisons intentionnellement, de façon à ce que cette répétition vous imprègne l'esprit.

Mais pour ce qui est de ces personnes qui ont accompli de grandes choses, ces grands maîtres des circonstances, ces grands directeurs du destin — des hommes comme César, Napoléon et tous les autres individus aussi éminents — ces personnes savent vraiment ce que c'est que de ressentir cette puissante et élémentaire soif du désir, et le puissant pouvoir de leur volonté a été mis en activité, et a été maintenu en activité avec persistance et détermination, par la force élémentaire ainsi manifestée et exprimée.

De tels hommes et femmes agissent selon le principe voulant que *vous puissiez obtenir tout ce que vous voulez, à condition de le vouloir suffisamment*, et ils commencent par le vouloir suffisamment. Lorsque vous apprenez à vouloir suffisamment quelque chose, vous avez franchi la seconde étape sur la voie de la réalisation et ce, grâce à l'énergie du pouvoir de la volonté : La première étape consiste à *savoir précisément ce que vous voulez*. Les idéaux précis et le désir ardent, ajoutés à la volonté, constituent les conditions préalables à la détermination persistante.

Le désir fournit les motifs de toute activité de la volonté. Sans ces motifs, la volonté ne se mettrait pas en activité et ce, d'aucune façon que ce soit. Si vous n'aviez aucun désir concernant une chose spécifique, vous ne manifesteriez aucune activité de la volonté pour vous rapprocher ou vous éloigner de cette chose spécifique. Dans un tel cas, vous auriez une attitude tout à fait neutre et passive envers cette chose. Cela s'applique à toute action ou attitude mentale tendant à vous rapprocher ou à vous éloigner de ce que vous désirez obtenir ou éviter.

La règle générale concernant l'effet et l'influence du désir sur l'activité de la volonté est la suivante : Vous agissez toujours dans la direction qui, à ce moment particulier de la conscience, semble vous promettre le plus de satisfaction et de contentement émotionnels, ou le moins d'insatisfaction et de mécontentement émotionnels, la promesse ou la menace étant soit directe ou indirecte, immédiate ou éloignée dans le temps et dans l'espace.

Cette règle s'applique même lorsque vous renoncez à un bien immédiat ou présent en faveur d'un bien futur ou éloigné, et aussi lorsque vous renoncez à un bien présent par crainte d'une conséquence désagréable à court ou à long terme. Dans tous les cas, vous découvrirez que vos actions sont basées sur la règle voulant que vous recherchiez toujours ce qui est le plus prometteur de plaisir ou le moins prometteur de peine, à court ou à long terme, pour vous-même ou pour ceux auxquels vous êtes lié par la sympathie ou l'affection. Le plaisir et la douleur peuvent se situer sur les plans du sentiment émotionnel, physique, mental, moral ou spirituel, et le principe s'applique à tous les plans de l'activité et de la manifestation émotionnelles.

La règle technique de la psychologie qui s'applique à l'action de la volonté s'énonce comme suit : *La volonté passe à l'action suivant les motifs présents et actifs les plus puissants, en pensée et en sentiment, au moment même de l'action.* Dans l'examen de cette règle, vous devez toujours vous rappeler que le motif se trouve toujours dans le sentiment, l'émotion ou l'affection, élevés au plan volitif du désir, cela étant plus ou moins influencé et dirigé par la raison. La raison, l'intellect, la mémoire et l'imagination ne servent cependant, dans de tels cas, que d'auxiliaires à l'élément désir de la volonté. En dernière analyse, l'on constate qu'ils ne servent qu'à indiquer la voie la plus efficace et la plus sûre que peuvent emprunter les désirs les plus forts et qui leur permet d'éviter les conséquences indésirables ; ils indiquent simplement le comment et la direction qui vaudront au désir la plus grande et la plus efficace satisfaction.

La réalisation de cette règle absolue, quoique peu connue, en ce qui concerne l'action de la volonté, nous mène à des conclusions logiques étonnantes lorsque nous tentons de pousser le raisonnement à son terme. Nous nous apercevons alors que nos actions les plus nobles et les moins égoïstes, de même que les moins nobles et les plus égoïstes, répondent toutes à cette même règle. Il ne faut en aucun temps commettre l'erreur de confiner le désir aux seuls aspects négatifs de cet état d'esprit ; au contraire, les ambitions et aspirations dirigées vers des idéaux élevés font aussi partie de la catégorie du désir. Tout ce que l'on souhaite faire, ce que l'on veut faire ou ce que l'on s'efforce de faire — que ce soit noble ou vil, égoïste ou altruiste, moral ou immoral, social ou insocial, louable ou répréhensible, matériel ou spirituel — constitue une forme du désir basé sur le sentiment, l'émotion ou l'affection. Le sens moral le plus élevé est celui qui se fonde sur les plus puissants sentiments, émotions, affections et désirs de vivre une vie morale qui satisfasse et contente l'esprit, plutôt que sur la crainte ou le simple souhait d'être bien vu ou approuvé de tous.

Mais ne commettez pas ici l'erreur de croire que l'homme n'est qu'un automate, un esclave du désir. Bien qu'il soit exact de dire que la volonté motive toutes vos actions et que le désir constitue le motif de toute activité de la volonté, il est tout aussi exact d'affirmer que ce sont les idées et les idéaux qui forment et dirigent le désir et lui donnent sa force et sa puissance en vue d'un objectif défini. Grâce à l'introduction scientifique des idées et des idéaux, vous pouvez donner à toute forme, phase, aspect ou mode du désir et du sentiment un degré de force et de puissance qui n'existait pas jusque là.

Dans de tels cas, votre volonté veut que le désir soit en accord avec la volonté; elle veut que lui soit fourni le type de pouvoir du désir approprié à la mise en oeuvre du degré voulu de pouvoir de la volonté. Laissée à elle-même, la volonté est semblable à un courant empruntant un canal aménagé par d'autres; la volonté bien formée creuse au contraire son propre canal selon les dimensions, les limites et la direction qu'elle veut bien s'imposer.

À ce sujet, certains penseurs s'objectent parfois en disant que dans de tels cas, c'est un certain degré ou forme de désir qui met en oeuvre la volonté. Ces penseurs soutiennent que tout ce qu'accomplit la volonté dans de tels cas est de maîtriser un ensemble de sentiments et de désirs en faveur d'un ensemble plus élevé et plus dominant. Ils ne sont pas loin de la vérité; ce raisonnement est logique et n'a jamais pu être écarté. Mais même alors, le principe du contrôle du désir par la volonté demeure fondé dans son application pragmatique et pratique.

Bien que vous ne puissiez jamais espérer échapper à l'influence du désir, même dans les activités les plus élevées de votre volonté, vous pouvez prendre position sur la volonté dominante, et à partir de ce poste vous pouvez contrôler, stimuler, affaiblir, favoriser ou atténuer le pouvoir des formes inférieures du désir et du sentiment. En fait, lorsque vous atteindrez les sommets du pouvoir de la volonté, vous découvrirez que l'élément du désir semble presque se confondre avec l'élément essentiel de la volonté, devenant presque identique à celui-ci. Dans de tels cas, vous serez forcé d'en venir à la conclusion qu'en dernière analyse vous avez cessé de « désirer vouloir » et que vous êtes dès lors en mesure de « vouloir vouloir ».

Quelle que soit la théorie métaphysique à cet égard, le fait demeure que celui qui a atteint les sommets de la volonté parvient à la conscience de la liberté de la volonté ultime. Mais de tels sommets ne peuvent être atteints que par les individus qui ont payé le prix de la réalisation, qui se sont acharnés, en ce sens, à gravir les abrupts sentiers montagneux du pouvoir de la volonté pour finalement en atteindre les sommets dégagés. De semblables expériences ne sont pas le fait du commun des mortels. L'individu moyen est pratiquement esclave de ses désirs, généralement des plus primaires de ceux-ci; il ne saisit pas même les principes de base de la maîtrise du désir par la volonté dominante. Il y a peu de véritables maîtres du désir; la majorité des gens en sont les esclaves.

Voici, en bref, la distinction qui existe entre l'esclave du désir et le maître du désir: L'individu moyen voit sa volonté mise en activité par les forces du sentiment, de l'affection et du désir, les motifs les plus puissants du désir l'emportant toujours. Ceux qui sont parvenus à une compréhension scientifique du sujet savent cependant que, bien qu'il soit exact que le désir le plus puissant remporte toujours la bataille, il n'en demeure pas moins que la force du sentiment, de l'affection et du désir est directement proportionnelle à la force des idées ou idéaux qui l'anime. Conséquemment, en utilisant adéquatement l'attention (qui est l'une des principales armes de la volonté) en vue de maintenir en conscience un certain ensemble d'idées ou d'idéaux, on peut faire en sorte que ces idées ou idéaux fournissent de l'énergie à l'ensemble des sentiments et désirs qui leur sont associés, tout en affaiblissant l'ensemble des sentiments et désirs qui leur sont opposés.

Grâce au contrôle de l'attention, le JE SUIS MOI, par le biais de la volonté, est en mesure de contrôler le sentiment et le désir, de les mettre à son service et de parvenir ainsi à la maîtrise de la volonté. En utilisant scientifiquement les idées et les idéaux par le biais de l'attention, vous pouvez contrôler, diriger et maîtriser les activités de la volition. Mais, comme nous l'avons dit, l'individu moyen n'a pas la moindre notion de cette vérité ; conséquemment, il est esclave de la volonté toute sa vie durant plutôt que de devenir un maître de la volonté.

Il est un axiome de la psychologie qui veut que le degré de force, d'énergie, de volonté, de détermination, de persistance et d'application continue que manifeste un individu dans ses aspirations, ses ambitions, ses visées, ses réalisations et son travail, est avant tout déterminé par l'importance du désir qu'il manifeste concernant la réalisation de ses objectifs, c'est-à-dire l'importance de son « vouloir » et de son « vouloir faire » à l'égard de ses objectifs. C'est là l'affirmation plus technique du principe que recouvre l'aphorisme que nous avons déjà cité et qui s'énonce comme suit : *Le désir est la flamme qui génère la vapeur de la volonté* ; cela veut dire que, lorsque vous souhaitez générer la vapeur de la volonté, vous devez d'abord attiser au maximum la flamme du désir.

Dans l'ouvrage de cette série intitulé *Votre désir brûlant*, nous avons examiné en détail le sujet du désir et de sa relation avec les autres formes et phases du pouvoir personnel, notamment la phase du pouvoir de la volonté. Pour ce faire, nous avons puisé dans l'expérience humaine et les faits de l'histoire naturelle portant sur la vie animale afin d'illustrer la nature et le caractère du désir en tant que puissance motrice de l'activité de la volonté, etc. Le paragraphe suivant, tiré de l'ouvrage sus-mentionné, suit la présentation de ces illustrations. Nous vous conseillons d'en étudier soigneusement les principes et d'en mémoriser l'esprit, tels qu'exprimés dans la formule maîtresse de la réalisation, que voici : *Vous pouvez obtenir tout ce que vous voulez, à condition (1) de savoir précisément ce que vous voulez, (2) de le vouloir suffisamment, (3) d'être confiant de l'obtenir, (4) d'être constamment déterminé à l'obtenir et (5) d'être prêt à en payer le prix.*

« Nous avons attiré votre attention sur ces divers exemples et illustrations de la force des émotions et désirs élémentaires fortement sollicités, non seulement pour vous indiquer à quel point ces désirs et sentiments deviennent puissants lorsque les circonstances et situations sont appropriées, mais aussi pour que vous réalisiez l'existence en tout être vivant d'une force, d'un pouvoir émotionnel latent qu'un stimulus approprié peut rendre très actif, et que l'on peut diriger vers certains buts et objectifs définis par le stimulus. Il est notoire que cette force, ce pouvoir est sollicité par les formes spécifiques de stimulus que nous venons d'indiquer. Mais rares sont ceux qui savent qu'il peut être sollicité avec autant de force, de puissance, d'intensité par d'autres formes de stimulus (provoquées délibérément par l'individu) ; seules quelques personnes connaissent ce secret.* »

La méthode précitée, grâce à laquelle le pouvoir latent du désir peut être sollicité et stimulé par la présence du stimulus d'idées et d'images mentales de nature suggestive et incitative, est fondée sur le principe psychologique suivant : *Le désir est éveillé et attiré par des choses représentées par des idées et des images mentales ; plus l'idée ou l'image mentale suggestive est forte et claire, plus le désir est fort et insistant.* La connaissance et l'application de ce principe font de vous un maître du désir plutôt qu'un esclave du désir, cette dernière situation étant le fait de la grande multitude des gens qui n'ont pas appris le secret de la maîtrise du désir.

La citation suivante du professeur Halleck servira à illustrer le principe qui sous-tend le processus de l'utilisation du pouvoir de l'attention pour ce qui est de présenter au désir le stimulus d'idées et d'images mentales suggestives afin de solliciter plus

---

* ATKINSON, William W. et BEALS, Edward E. *Votre désir brûlant*. Saint-Hubert, Québec : Les éditions Un monde différent, 1985, pages 106 et 107.

pleinement et de renforcer davantage le sentiment et la tendance volitive. Halleck écrit : « La première étape du développement de la volonté réside dans l'exercice de l'attention. L'attention volontaire suppose un certain effort. [...] Lorsque nous cultivons nos idées, elles acquièrent plus de distinction et de vivacité. Si nous prenons deux idées de même intensité et que nous dirigeons notre attention sur l'une d'elles, nous nous rendrons compte que celle-ci acquiert beaucoup de puissance. Prenez deux sources de douleur physique et concentrez votre attention sur l'une d'entre elles. Cette sensation deviendra de plus en plus vive, jusqu'à ce que vous posiez un geste visant à atténuer cette douleur particulière, alors que l'autre sera négligée. Si, au départ, nous désirons plusieurs choses avec une même intensité, par exemple une bicyclette, une machine à écrire ou une encyclopédie, nous finirons par vouloir davantage l'objet sur lequel notre attention se sera davantage concentrée. L'idée de la bicyclette deviendra peut-être ainsi plus vive que les deux autres ; ou alors, si nous pensons constamment à l'utilité que pourrait avoir une encyclopédie, nous agirons sans doute en ce sens. [...]

« Nous pouvons énoncer sous forme de loi le fait que la volonté détermine le motif qui deviendra le plus puissant en choisissant les idées qui occuperont le champ de la conscience. [...] Toute idée qui fait l'objet d'un désir est un motif. Il est vrai que la volonté tend à se diriger vers le motif le plus grand, c'est-à-dire vers l'objet qui semble le plus désirable ; mais la volonté, par le biais de l'attention volontaire, fournit de l'énergie à une idée et la rend ainsi plus forte. Il est impossible de diriger longtemps son attention sur une idée sans développer un intérêt positif ou négatif (une attraction ou une répulsion). C'est ainsi que la volonté se forme des motifs d'action. [...]

« Nous avons vu que l'émotion et le désir surviennent en la présence d'idées, et que la volonté exerce une influence pour ce qui est de maintenir ou d'écarter une idée donnée. Si l'on garde une idée en tête, un désir et un puissant motif risquent de s'agglomérer à cette idée. Si une autre idée survient, la première voit sa puissance décliner. Plus Macbeth et son épouse cultivaient l'idée de la gloire et de la puissance que leur conférerait le trône, plus grandissait leur désir de tuer le roi, jusqu'à ce que ce désir devienne assez intense pour échapper à leur contrôle. Ils s'étaient cependant rendus coupables d'avoir nourri ce désir; s'ils avaient résolument pensé à autre chose, le désir s'en serait trouvé affaibli. »

Les idées et images mentales suggestives que nous vous avons pressé d'utiliser pour augmenter et élever la vigueur et la puissance du désir sont les suivantes : les idées et images mentales suggestives servant à éveiller un sentiment, une émotion plus profonde et plus forte concernant l'objet de votre désir, et tendant à susciter un plus puissant degré d'affection pour cet objet, ce qui, conséquemment, avive la flamme du désir et génère ainsi une pression accrue de la vapeur de la volonté. Ces idées et images mentales suggestives doivent stimuler l'appétit du désir en lui présentant des images et des suggestions de la satisfaction et du contentement, du plaisir et de la joie qu'il retirera de la réalisation ou de l'acquisition des objets du désir.

Nous examinons plus avant ce principe dans le livre de cette série intitulé *Votre désir brûlant*, dans lequel on peut également trouver des suggestions et des méthodes destinées à faciliter l'application pratique du principe.

4

La volonté délibérative

Nous vous demandons maintenant d'examiner cette phase du pouvoir de la volonté connue sous le nom de stade de la volonté délibérative. La *délibération* se définit comme étant *l'action de délibérer ou de soupeser mentalement*. Au cours du stade de la délibération, vous soupesez avec plus ou moins de soin des lignes de conduite générales ou spécifiques qui se présentent à la volonté. Chacune de ces lignes de conduite possède certains attraits de même que certains facteurs de répulsion.

Les attraits sont prometteurs de satisfaction et de contentement émotionnels; les facteurs de répulsion sont prometteurs d'insatisfaction et de mécontentement émotionnels. Ces éléments qui s'opposent doivent faire l'objet d'une comparaison afin que vous puissiez passer au stade de la détermination, puis au stade de l'action volontaire, pour ainsi compléter l'ensemble des processus de la volonté.

Vous êtes probablement habitué à considérer le processus de la délibération comme un phénomène qui se caractérise uniquement par une activité intellectuelle. Vous vous imaginez sans doute que lorsque vous délibérez quant au choix de l'une des lignes de conduite qui s'offrent à vous, vous devez aborder le sujet en raisonnant froidement et que votre décision ne doit découler que d'un jugement logique. En réalité, le rôle que jouent l'intellect et la raison dans le processus de délibération et les jugements qui en résultent, n'est habituellement que le rôle dévolu au chercheur tentant de cerner les faits en rapport avec (1) la direction et les moyens à adopter pour obtenir la plus grande satisfaction et le plus grand contentement émotionnels et (2) les résultats probables qu'entraînera le choix de l'une des lignes de conduite, ces résultats étant toujours mesurés selon leur effet probable sur l'état de votre satisfaction et de votre contentement émotionnels.

En un mot, la raison scrute le passé pour découvrir les associations et relations spécifiques à chacune des deux lignes de conduite qui s'offrent, afin de vous fournir le plus d'informations possible concernant la valeur ultime probable, au plan émotionnel, de chacune d'elles ; également, pour découvrir et recommander à la volonté les méthodes les plus efficaces d'application de la ligne de conduite pour laquelle vous opterez, s'il y a lieu.

Il est vrai que dans le cas des personnes qui font un usage considérable de leurs facultés intellectuelles, qui ont une vaste expérience, une excellente mémoire et une imagination constructive et active, les facultés intellectuelles jouent un rôle beaucoup plus important dans les processus de la délibération et de la décision que chez les personnes dépourvues de ces qualités mentales et de cette vaste expérience.

La raison rend de précieux services lorsqu'il est question de présenter à la volonté les résultats probables des diverses lignes de conduite qui s'offrent, afin que la volonté puisse déterminer avec plus de clarté la véritable valeur émotionnelle de chacune.

Elle rend aussi de précieux services à la volonté lorsqu'il s'agit de découvrir, d'inventer et de créer les méthodes qui pourront le mieux réaliser et exprimer le « bien » de la volonté. C'est de cette façon, et de beaucoup d'autres, qu'elle fournit à la volonté des motifs positifs et négatifs de choix et d'action, ajoutant ainsi un poids additionnel aux diverses lignes de conduite qui font l'objet de la délibération.

La raison sert ainsi la volonté en mettant à sa disposition ses facultés de mémoire, d'imagination et d'association d'idées. Elle aide également la volonté en lui fournissant le maximum d'informations concernant les diverses lignes de conduite envisagées, en « l'entretenant » de celles-ci au meilleur de ses possibilités. Cela est d'une grande valeur dans le processus de la délibération, et c'est ce qui préside très souvent à la décision.

Des deux partis en délibération, celui qu'on connaît clairement et précisément a dès lors un avantage certain en tant que candidat à l'action de la volonté. La raison vient ainsi en aide à la volonté avec la froideur d'une mécanique, à condition toutefois que l'émotion ne s'interpose pas. La raison n'a rien d'autre à gagner que la satisfaction de sa propre nature en pensée ; elle est froide et tend à se manifester aussi inexorablement qu'une machine. Elle n'a ni sentiment ni morale, et s'en tient à la seule logique, des prémisses à la conclusion, sans se préoccuper de valeurs émotionnelles ou morales.

En dernière analyse, on découvre que lorsqu'elle se manifeste pour venir en aide à la volonté, la raison ne s'attarde qu'à découvrir des faits concernant la valeur émotionnelle probable des lignes de conduite envisagées, ainsi qu'à planifier et à décider des méthodes les plus efficaces d'expression et de manifestation des désirs, ou des idées ou idéaux en rapport avec ces désirs, qui ont été acceptés par la volonté comme étant prometteurs de valeur émotionnelle. Cette valeur émotionnelle est toujours déterminée par le degré le plus élevé de promesse de satisfaction et de contentement émotionnels ou par le moindre degré de promesse d'insatisfaction et de mécontentement émotionnels.

Vous devez cependant noter ici la distinction suivante : L'élément émotionnel n'est impliqué directement que dans la délibération et la décision quant à l'opportunité de poser certains gestes ou d'adopter certaines lignes de conduite. Ainsi, il se manifeste chaque fois qu'il est question de « faire ou ne pas faire » et chaque fois que l'on se demande laquelle de deux lignes de conduite nous devons adopter. Il n'est pas présent, par contre, lors d'efforts purement intellectuels ou dans le raisonnement logique, par exemple dans la solution de problèmes de mathématiques ou de logique formelle. Il n'est pas non plus directement impliqué dans les cas où l'on fait appel à la raison pour décider et déterminer quelle est l'idée, le plan, la méthode ou façon de procéder qui contribuera le plus à la réalisation de certains projets ou objectifs précis. Dans ces derniers cas, la délibération et la décision quant à l'opportunité d'entreprendre certaines tâches et d'adopter certaines lignes de conduite, ont déjà procédé à la comparaison des valeurs émotionnelles ; il ne reste désormais qu'à délibérer et à décider de la meilleure façon d'effectuer et d'exécuter les modes d'action choisis, ainsi que de la meilleure façon de réaliser les objectifs déjà acceptés comme étant les plus avantageux au plan émotionnel.

Cependant, la règle s'applique invariablement à tous les cas où se pose un problème du genre : « En un sens, je désire le faire ; mais je n'en suis pas certain », ou « Cela semble être ce que je veux, ou mener à ce que je veux ; mais je crains que ça n'entraîne des complications ou des résultats que je veux éviter », ou encore « Je veux faire ceci, et cela aussi, mais je ne sais lequel je désire le plus ». Dans de tels cas, le conflit est vraiment un conflit de désir, un conflit émotionnel, et pas du tout un conflit intellectuel direct.

Peut-être vous formalisez-vous de cette affirmation et en rejetez-vous même la vérité avec indignation. Nombre de gens sont de cet avis lorsqu'on leur présente cette vérité pour la première fois, car en général nous aimons croire que nous décidons de toutes les questions de conduite et de tous nos gestes en nous basant sur la pure logique et la froide raison, mais ce n'est pas ce qui se passe dans les cas que nous venons de mentionner. Si vous ne saisissez pas la véracité de cette affirmation et que vous êtes porté à la rejeter, soumettez-la d'abord à l'épreuve de votre raison et de votre expérience, et réglez cela une bonne fois pour toutes, car en ne vous formant pas une opinion arrêtée sur le sujet, vous ne pourrez comprendre pleinement l'esprit de certains aspects de notre enseignement qui se fondent sur ce principe psychologique précis.

Voici l'épreuve de l'expérience et de la raison à laquelle vous devez vous soumettre, honnêtement et dans un esprit scientifique. Posez-vous les questions suivantes : Quelles sont les véritables raisons qui gouvernent mes décisions lorsqu'il s'agit de choisir parmi diverses lignes de conduite ou d'en rejeter certaines autres, et dans lesquelles les sentiments, les émotions, l'affection et les désirs sont présents ? Lorsque je me pose la question : Le ferai-je ou non ? ou Que vais-je faire ou choisir ?, est-ce que je cherche à obtenir la plus grande satisfaction et le plus grand contentement émotionnels, ou le moins d'insatisfaction et de mécontentement possible — le plus de plaisir ou le moins de peine possible ?

En répondant à ces questions, n'oubliez pas que le plaisir et la peine peuvent être immédiats ou lointains et peuvent viser directement votre propre personne ou d'autres personnes auxquelles vous vous intéressez ou auxquelles vous êtes lié par la sympathie ou l'affection ; toutes ces formes de satisfaction et de contentement, ou d'insatisfaction et de mécontentement, sont régies par la même règle générale.

Un examen de conscience soigné et un regard franc et honnête basé sur celui-ci vous convaincront à coup sûr que, dans des cas de ce genre, vos délibérations et vos décisions quant à vos gestes et vos lignes de conduite sont invariablement basées sur la notion de plus grande valeur émotionnelle. Les « raisons » qui motivent vos gestes et vos lignes de conduite ne sont jamais détachées de vos sentiments, de vos affections et de vos désirs. De fait, en l'absence de sentiment, d'affection et de désir, il ne pourrait y avoir et il n'y aurait pas de « raisons » à vos gestes ou lignes de conduite. La seule raison, la seule cause, la seule explication de vos gestes ou du choix de vos gestes est la « raison », la « cause » et le « parce que » résultant de la promesse de satisfaction ou de contentement émotionnel, ou de la menace de résultats contraires — en un mot de la valeur émotionnelle probable analysée jusqu'à un certain point par la raison.

Il est parfois difficile de retracer le sentiment, l'affection ou le désir déterminant d'un geste ou d'une ligne de conduite, compte tenu de la complexité de ceux-ci. Mais l'influence du sentiment, de l'affection ou du désir est toujours là, animant et inspirant le geste ou la ligne de conduite ; car autrement, il ne pourrait y avoir de « raison », de « cause » ou de « parce que » à notre conduite ou à nos gestes, et, conséquemment, il n'y aurait pas de réponse à la question « Pourquoi ? » appliquée à cette conduite ou à ces gestes. Dans le même ordre d'idées, souvenez-vous que nous incluons l'habitude (résultant de gestes antérieurs fondés sur un contenu émotionnel) parmi les motifs de nature émotionnelle ; vous savez qu'il est plus facile d'agir selon une habitude qu'à l'opposé de celle-ci, et la notion de facilité est du domaine du sentiment et du désir.

Avant que la volition ne se transforme en volonté active, il doit se produire une activité mentale plus ou moins importante à l'occasion du stade de la délibération. La volition ne se transforme en volonté active qu'en réaction à une idée ou un objet la poussant à s'exprimer et à se manifester. Il y a habituellement diverses idées ou objets qui s'offrent à la décision et au choix de la volonté — il y a à tout le moins la notion de « faire ou ne pas faire ». Ici, la volonté délibérative, assistée de l'intellect, soupèse et évalue ces alternatives conflictuelles : Le processus de la délibération peut prendre un temps considérable, ou il peut être presque instantané ; mais quoi qu'il en soit, il se produit *toujours*.

Le plaisir et la peine, les sensations agréables ou désagréables, précèdent toute activité de la volonté. Toute action est dirigée vers l'état d'esprit le plus agréable, et tend à s'éloigner de l'état d'esprit le plus désagréable. La volonté est toujours intéressée — jamais désintéressée — dans ses actions. Elle se manifeste toujours en vue de répondre à des visées en vue d'acquérir quelque chose qui lui semble « bon ».

La vie est souvent une question d'obtenir l'agréable et d'éviter le désagréable. Mais on ne doit pas oublier qu'en changeant de point de vue, nos sentiments passent souvent de l'aspect agréable à l'aspect désagréable et vice-versa, et il se produit parfois un violent changement d'un pôle à l'autre de notre nature émotionnelle. De semblables changements sont provoqués par la découverte de nouveaux attributs dans les objets et les idées qui s'offrent à la délibération, à la décision et à la détermination. Ainsi, bien que le sentiment, l'affection et le désir constituent les motifs de toute action de la volonté, les autres facultés mentales jouent un rôle important en leur présentant les idées et images mentales qui tendent à influencer et à diriger les facultés émotionnelles; elles ont donc également une grande influence sur la volonté elle-même.

La découverte de vos buts définis

Nous allons maintenant illustrer le processus de la délibération en faisant appel à votre expérience personnelle. Ce faisant, vous acquerrez également une certaine pratique quant à l'application et à l'activité de la délibération efficace. Dans les illustrations et exemples suivants, vous noterez la présence des principes que nous examinons; simultanément, vous franchirez plusieurs étapes importantes dans la direction de la pratique et de la formation véritable du pouvoir de votre volonté. Plutôt que d'illustrer les principes en question en vous citant des situations ou des exemples abstraits et impersonnels, nous ferons appel à des illustrations et à des exemples tirés de vos propres expériences personnelles, de manière à ce qu'en examinant ces exemples vous exerciez en même temps les facultés mentales qui vous les procurent.

Posez-vous d'abord les questions suivantes : *Dans quel but est-ce que je veux développer et former le pouvoir de ma volonté, ainsi que le manifester par l'action ? Dans quelle direction est-ce que je souhaite l'appliquer et l'employer lorsque je l'aurai acquis ? Quel est le but principal que je cherche à réaliser et à atteindre par la possession et la manifestation d'un pouvoir de la volonté bien développé et bien formé ?*

Le caractère de l'enseignement spécial et de l'information que vous tirerez de l'étude de ce livre dépendra des réponses que vous donnerez à ces questions. Réfléchissez bien à ces questions; considérez-les soigneusement et donnez-leur des réponses complètes, franches et honnêtes. Il serait préférable de noter vos réponses afin de les consulter ultérieurement; « réfléchir avec un crayon et un papier » constitue une méthode très utile que nous vous conseillons à cette étape. Les suggestions et conseils suivants devraient vous aider matériellement dans la tâche de la découverte de vos buts définis pour la réalisation desquels vous désirez développer et former le pouvoir de votre volonté.

Si vous êtes comme la plupart des gens qui entreprennent de déterminer ainsi leurs buts définis, qu'ils comptent atteindre et réaliser en faisant appel au pouvoir de leur volonté, vous aurez du mal à répondre correctement aux questions que nous venons d'énoncer, auxquelles vous devez répondre de la manière la plus complète possible. Comme beaucoup d'autres, vous ne vous êtes sans doute pas encore « trouvé » à cet égard, c'est-à-dire que vous n'avez pas encore découvert vos buts définis dans la vie. Si tel est le cas, cet enseignement arrive à point nommé, parce que jusqu'à ce que vous ayez découvert vos buts définis, vous ne pouvez espérer utiliser efficacement ce degré du pouvoir de la volonté que vous avez déjà développé, sans parler du degré additionnel que vous comptez acquérir.

À ce stade, la plupart des gens (et cela vous inclut sans doute) se trouvent tout bonnement envahis par une inclination, une tendance *générale et vague* — quoique assez forte — les poussant à l'action en vue d'atteindre et d'obtenir ce qui leur vaudra du « bien ». Ils ressentent cette pression de la volition vers l'extérieur, mais ils ne savent pas encore comment exercer ce pouvoir intérieur. Cette condition est bien en soi, mais elle ne va pas assez loin. La sensation du pouvoir de la volonté est là, mais il s'agit d'un pouvoir de la volonté dénué de but défini, donc inefficace et inutile. La volition nécessite une direction forte, définie et positive. Nous allons maintenant vous présenter les méthodes grâce auxquelles vous pourrez acquérir cet élément nécessaire.

Les désirs dominants. Tout d'abord, vous devez découvrir vos désirs dominants, c'est-à-dire les désirs les plus puissants et les plus insistants qui résident en votre être mental et émotionnel. Il n'est pas facile de découvrir ces désirs dominants à moins d'obtenir certaines données quant à la marche à suivre. Vous découvrirez que votre être mental et émotionnel est envahi par une multitude de désirs, grands et petits, passagers et permanents, dont plusieurs s'opposent les uns aux autres. Il vous faut soupeser et mesurer de façon déterminée et soignée vos désirs, en calculer la profondeur et la largeur, de même que le poids. Vous devez sarcler le jardin du désir, couper le bois mort de l'arbre du désir ; il s'agit d'un test de force et de vitalité des ensembles de désirs qui s'opposent, pour en venir à la survivance du plus apte.

Dans le livre de cette série intitulé *Votre désir brûlant*, nous avons examiné de façon détaillée et approfondie le processus de la découverte des désirs dominants ; vous pourrez donc y faire appel si le sujet vous intéresse tout particulièrement, l'étude détaillée et exhaustive de cet aspect spécifique ne pouvant être reprise dans le présent ouvrage et étant confinée à ce livre traitant du sujet spécifique du pouvoir du désir. Le résumé suivant vous révélera cependant l'essence et la substance du principe général impliqué :

(1) Les régions de l'esprit sont d'abord explorées afin de mettre en lumière les divers sentiments, émotions, affections, envies et désirs qui composent votre nature émotionnelle. À mesure qu'ils se révèlent, il faut les noter soigneusement par écrit. (2) C'est alors que commence le processus de l'élimination : (a) Les désirs les plus faibles et les moins insistants, de même que ceux qui sont d'une nature temporaire, passagère, sont rayés de la liste, qui ne conserve que les plus forts et les plus durables ; (b) la liste est à nouveau soigneusement

examinée et les désirs qui se détachent des autres en raison de leur pouvoir supérieur sont retenus, et les autres sont éliminés; (c) le processus se poursuit suivant cette sélection critique, jusqu'à ce que toute nouvelle élimination s'avère inopportune par crainte de « couper dans le bon bois ». (3) Les désirs restants sont alors regroupés en catégories, et ces catégories entrent en concurrence entre elles, les plus fortes et les plus durables étant retenues, et les plus faibles et moins durables étant rejetées. (4) Les ensembles de désirs restants sont alors soigneusement comparés afin de découvrir toute trace d'antagonisme et d'opposition, c'est-à-dire des contradictions qui rendraient toute coordination et toute coopération harmonieuse impossible, et qui tendraient à attirer la volonté dans deux directions opposées, l'amenant ainsi à un point mort. (5) Les ensembles de désirs opposés et contradictoires doivent être mis en concurrence les uns avec les autres, car l'un ou l'autre doit être écarté du champ de la volonté. Chacun d'eux doit être examiné sous tous les angles mentaux et émotionnels possibles et soumis aux tests les plus rigoureux. Le résultat final couronnera le plus fort de chacun de ces ensembles opposés et contradictoires, c'est-à-dire ceux qui auront survécu au « combat pour l'existence » et qui représentent la survivance du plus apte.

Les survivants de ce processus de sélection et d'élimination représenteront les désirs les plus forts et les plus profondément enracinés de l'individu, et constitueront ses désirs dominants. Ces désirs dominants représentent ses affections les plus puissantes et les plus durables, basées sur ses sentiments les plus vigoureux et les plus solides, et s'élevant au stade de la volition sous forme de désirs insistants. Ils représentent ce que chacun veut intensément, ce que chacun veut avec tant d'insistance qu'il est prêt à payer le prix qu'il faut pour l'obtenir.

Les idées stimulantes. Mais le désir n'est pas le seul élément que comporte la volonté délibérative. De fait, on peut dire que chacun des grands secteurs de l'activité mentale a un rôle à y jouer. La présence d'idées et d'idéaux est nécessaire au processus de la délibération. L'action est influencée par les idées représentatives d'objets et de choses du monde extérieur. Chaque idée claire et forte ouvre la voie à une action possible et constitue conséquemment un élément du processus de délibération. La mémoire et l'imagination sont aussi mises à contribution et influent grandement sur le processus de la délibération.

Le professeur Halleck déclare : « Plus les idées d'un homme sont variées, plus nombreuses sont les lignes de conduite qui s'offrent à lui. Lorsqu'un médecin intelligent connaît vingt-cinq méthodes différentes pour traiter les rhumatismes, il peut varier ses traitements en conséquence et peut réussir là où un médecin moins compétent échouerait. Lorsqu'un homme d'affaires a une douzaine d'idées pour faire face à une situation d'urgence, il peut adopter n'importe laquelle de ces idées ; s'il n'a qu'une idée, il ne peut agir que suivant cette unique idée. L'idée ouvre la voie à une action intelligente. Avant qu'il n'entreprenne ses voyages, Colomb se faisait une idée des terres qui existaient au-delà des mers. Même un plombier doit avoir une idée de la façon de raccourcir un tuyau avant même qu'il ne le fasse. »

Ce même professeur de renom disait : « La délibération est un processus qui relève à la fois de l'intellect et de la volonté : de l'intellect pour la représentation d'idées et leur comparaison entre elles, et de la volonté pour maintenir les idées à l'esprit ou les écarter au profit d'autres idées. Dans le processus de délibération, l'homme tout entier se manifeste, et chacune de ses expériences passées a son importance ; dans l'action impulsive, par contre, ce sont les états d'esprit momentanés qui triomphent. [...] Prenons un geste humain raisonné et voyons le rôle que la délibération peut y jouer. Je désire quitter la ville au cours de l'été. Avant d'agir, *non seulement ai-je le désir de partir, mais je dois aussi savoir où aller.* Je trouve l'emplacement, les mérites et les défauts de plusieurs endroits de villégiature. Je délibère ensuite. A offre des bains dans les brisants de la plage; B est situé en montagne et son climat est plus sain; C est près de chez moi et certains de mes amis s'y trouvent, mais il s'y trouve aussi quantité de moustiques qui y interdisent la promenade; D offre un climat sain et n'a pas de moustiques, mais l'endroit est trop mondain; E ne présente que des avantages, mais il est trop cher; F serait une solution, mais c'est trop loin. J'ajoute alors à mes délibérations la possibilité de passer tout l'été à la ville. Trois journées chaudes se succèdent. Les nuits sont si torrides que l'on ne peut dormir. Je poursuis alors mes délibérations quant au choix d'un endroit de villégiature. La volonté est nécessairement présente sous ses aspects les plus importants dans tout acte de délibération. Je compare chaque idée aux autres. Par le pouvoir de la volonté, je concentre mon attention sur une seule idée; j'écarte ensuite cette idée et je concentre mon attention sur une autre. Je considère les bains de A, l'air de la montagne de B, les ennuis de C, la mondanité de D, le coût de E et la distance de F. »

Les facultés intellectuelles sont donc mises à contribution au cours des processus de délibération, tel que le démontre l'illustration précédente portant sur le choix d'un endroit de villégiature. Elles fournissent, à partir de l'imagination et de la mémoire, de nombreux faits concernant chacune des alternatives qui s'offrent à la volonté. Elles mettent en lumière les données qui ajoutent ou retranchent aux mérites de chaque alternative. Elles servent aussi à exposer la fausse nature de certaines des lignes de conduite envisagées, et à ajouter à la validité de certaines autres. Elles contribuent à choisir et à adapter des moyens à des fins spécifiques, et elles établissent une relation logique de cause à effet entre divers éléments. Avant que l'individu puisse savoir ce qu'il veut, il doit comprendre la nature véritable de chacune des alternatives qui s'offrent à lui ; il doit connaître les relations et les conséquences, les associations et les résultats inhérents à chacune des lignes de conduite envisagées.

Celui qui désire savoir intelligemment ce qu'il veut exactement et quelle est la ligne de conduite générale qui lui vaudra ultimement le plus de contentement et de satisfaction, doit utiliser ses facultés de raisonnement en plus d'explorer sa nature émotionnelle. Il doit utiliser sa tête tout autant que son coeur. Il doit apprendre à observer et à examiner les choses, à les percevoir correctement, à former des jugements logiques et à utiliser dans sa tâche les pouvoirs de son imagination et de sa mémoire. Comme le disait Halleck : « Dans le processus de délibération, l'homme tout entier se manifeste. »

Le sujet de la délibération s'amalgame et s'harmonise, à bien des égards, à celui de la détermination. La détermination est l'étape ou le stade final de la délibération, et elle est en même temps l'étape ou le stade premier de l'action volontaire. En gardant ce fait à l'esprit, passons maintenant à la considération de la détermination, à laquelle le chapitre suivant de ce livre est consacré.

5

La détermination

Le quatrième stade du processus de la volonté est celui de la détermination. La *détermination* se définit comme suit : (1) *L'action de terminer ou de mettre fin à quelque chose ; le stade de la décision ; également, (2) la force et la fermeté de l'esprit ; la ferme résolution et l'absolue direction vers une certaine fin.*

La première définition indique la conclusion ou la fin du processus de délibération — la décision résultant du processus de délibération. La seconde définition indique le commencement d'un nouveau processus, soit le processus de l'impulsion vers l'action volontaire, et la direction de cette impulsion. Au cours de l'étude suivante de la détermination de la volonté, vous verrez que ces deux étapes se manifestent par le passage de la volonté au stade de la détermination.

Vous devez vous rappeler que, pour les fins de l'étude de ce sujet, vous utiliserez une méthode qui consiste à *découvrir vos buts définis*, méthode représentée par les réponses aux questions suivantes que vous vous êtes déjà posées :

Dans quel but est-ce que je veux développer et former le pouvoir de ma volonté, ainsi que le manifester par l'action ? Dans quelle direction est-ce que je souhaite l'appliquer et l'employer lorsque je l'aurai acquis ? Quel est le but principal que je cherche à réaliser et à atteindre par la possession et la manifestation d'un pouvoir de la volonté bien développé et bien formé ?

Vous avez soumis ces questions à l'épreuve de la délibération, et vous les présentez maintenant à la volonté déterminante afin d'en tirer une décision et d'agir positivement par la suite conformément à cette décision. Le processus de délibération ne peut se dérouler présentement en l'absence de preuves suffisantes pouvant garantir une conclusion intelligente.

Le professeur Halleck illustre comme suit le processus de la décision à la suite de sa délibération quant au choix d'un lieu de villégiature : « En ce qui concerne le choix d'un lieu de villégiature, la délibération ne met pas un terme au processus volontaire ; l'acte de la volonté est encore incomplet. Il faut quelque chose de plus que (1) le désir de partir et (2) la délibération sur les lieux qui ont retenu mon attention. Ma prochaine étape volontaire consiste à choisir effectivement parmi les nombreux endroits qui ont fait l'objet de ma délibération, et de décider de me rendre à l'un de ces endroits. G satisfait ma raison, car je pourrai y faire de la voile et y pêcher, y faire de bonnes promenades sans être incommodé par les moustiques, tout cela pour un prix raisonnable. Je mets alors un terme à ma délibération et je décide d'arrêter mon choix sur G. La décision constitue la conclusion du processus de délibération. »

L'illustration que nous venons de mentionner prend cependant fin lorsqu'est exécuté le premier stade ou phase de la volonté déterminante, c'est-à-dire le stade où la délibération prend fin et la décision est prise ; c'est à ce moment que l'individu peut dire : « J'ai décidé de me rendre à G ; je vais aller à G. »

Il a arrêté son choix sur G, mais il n'a pas encore vraiment enclenché le processus de l'action de la volonté conformément à sa décision. Il doit aussi en arriver à dire de façon affirmative : « J'ai maintenant pour but précis de me rendre à G ; j'ai l'intention d'y aller et je commence dès cet instant à exercer le pouvoir de ma volonté à cette fin. » Ce dernier geste représente le second stade ou phase de la volonté déterminante.

Au cours de l'examen de cette phase particulière des activités de la volonté, nous découvrons les exemples typiques de la distinction qui existe entre la volonté forte et saine d'une part, et la volonté faible et hésitante d'autre part. Les individus qui font partie de la première catégorie prennent des décisions de manière ferme et positive, mettant en oeuvre leurs pouvoirs d'impulsion et de direction en vue de passer à l'action. Au contraire, les individus de la seconde catégorie ont de grandes difficultés (1) à prendre des décisions ; (2) à s'en tenir à leurs décisions ; et (3) à exercer leurs pouvoirs d'impulsion et de direction en vue d'une manifestation et d'une action concrète.

La décision qui met un terme au processus de délibération est un acte distinct et précis de la volonté, et la tension et l'effort volontaires sont nettement perceptibles dans le processus. Nombre de gens trouvent que la décision est la partie la plus difficile de tous le processus volontaire. Pour eux, il est souvent presque impossible de se décider, de prendre une décision et de déterminer la ligne de conduite à adopter ; de telles personnes ont une propension marquée à laisser les autres décider pour elles.

Un autre groupe important se compose de gens qui ont l'habitude de prendre des décisions instantanément, sans aucune délibération ou jugement préalable ; ces personnes s'occasionnent souvent des problèmes à la suite de leurs jugements hâtifs et doivent par conséquent consacrer un temps et une énergie considérables à apporter les correctifs qui s'imposent ou à fuir les conséquences de leurs mauvaises décisions. La personne avisée évite ces deux indésirables extrêmes et s'en tient dès lors au juste milieu.

Bien des gens, qui reconnaissent avoir tendance à hésiter devant les décisions à prendre et à fuir autant que possible l'acte véritable de la décision et de la détermination, ont cherché vainement à résoudre leur problème en suivant les conseils conventionnels et les plates instructions portant sur l'utilisation de la volonté en pareils cas. Ces individus sentent intuitivement qu'il doit y avoir quelque méthode scientifique, basée sur de solides principes psychologiques, qui puisse les aider à surmonter leur handicap et à acquérir de nouvelles habitudes quant à leur prise de décisions. Cette intuition repose sur des faits, car une telle méthode existe et donne de bons résultats; nous vous la présenterons au cours des pages suivantes.

Dans la plupart des cas où se manifeste la difficulté de prendre une décision à la suite du processus de la délibération, on s'aperçoit que le problème provient du fait que la valeur émotionnelle et intellectuelle des alternatives qui s'opposent présente trop de similarités pour permettre une décision facile.

Lorsqu'on perçoit clairement la pleine valeur émotionnelle et intellectuelle des diverses alternatives en présence, la décision est facile à prendre dans la plupart des cas, car la balance penche nettement d'un côté ou de l'autre. Dans la plupart des cas le choix se fait presque automatiquement. Il est axiomatique que le choix entre les diverses alternatives est rapide et facile dans la mesure où leurs valeurs respectives sont claires et définies.

Dans certains cas cependant, même à la suite d'une délibération soignée, la balance ne penche ni d'un côté ni de l'autre, et la découverte de nouveaux attributs ne sert qu'à élever chacune des lignes de conduite qui s'offrent à un nouveau plan d'intérêt, sans augmenter le poids de l'une par rapport à l'autre. Dans de pareils cas, la personne se retrouve dans la situation de l'âne qui est mort de faim parce qu'il était incapable d'arrêter son choix sur l'un des deux tas de foin dont il disposait, l'un étant aussi attrayant que l'autre. Il est clair que, si l'on veut parvenir à la détermination dans de tels cas, un nouvel élément doit être introduit.

L'élément de la norme fixe

Ce nouvel élément qui doit s'ajouter à la tâche de la détermination est connu sous le nom «d'élément de la norme fixe», et c'est sur cette notion que nous allons maintenant diriger votre attention. Nous vous demandons d'examiner soigneusement la méthode suivante qui vous permettra de mettre en application le principe de ce nouvel élément, car elle constitue le secret qui vous aidera à corriger de nombreuses faiblesses de la volonté et à vous habituer à prendre des décisions rapidement et positivement.

Le principe fondamental et essentiel de la morme fixe s'exprime comme suit: Vous devez établir mentalement une norme fixe clairement définie, sûre et positive des valeurs de votre volonté, basée sur une notion généralement acceptée de votre summum bonum, de votre plus grand bien, avec des degrés relatifs de bien et de mal selon l'échelle des valeurs de votre volonté, ces degrés relatifs étant déterminés par l'affinité ou le manque d'affinité avec votre summum bonum, votre plus grand bien.

Ce summum bonum, qui constitue votre norme fixe, doit être déterminé par vous uniquement; personne d'autre ne peut le faire à votre place. Il doit représenter votre idéal suprême — votre plus haute conception de conduite et d'action — au moyen duquel tout comportement ou geste pourra être mesuré, pesé ou évalué. Le terme *norme* se définit comme étant *ce qui est établi d'autorité comme règle de mesure de quantité, de qualité, d'étendue ou de valeur : ce qui est établi comme règle ou modèle : un critérium ; un test.* Dans le cas présent, votre norme fixe constituera le test, la règle ou l'unité de mesure des valeurs de votre volonté.

Votre norme fixe peut se modeler sur le caractère d'un grand homme que vous désirez adopter comme modèle, ou bien sur un caractère composite formé des qualités de plusieurs personnes de grande valeur. Ou encore, elle peut être fondée sur la notion de quelque adage, aphorisme ou règle de conduite qui semble contenir votre idéal de conduite et d'action, comme la pierre de touche du positivisme par exemple, dont nous faisons fréquemment mention dans notre enseignement et qui s'exprime par la question suivante : *Cela me rendra-t-il plus fort, meilleur et plus efficace ?*

Ou encore, elle peut être basée sur une déclaration portant sur le principe général de la déontologie, comme le célèbre impératif catégorique de Kant, par exemple : « Ne posez que les gestes que vous voudriez voir s'imposer sous forme de loi universelle », ou en termes plus simples : « Agissez toujours comme vous voudriez que tous les gens agissent. » Il y a d'autres aphorismes de ce genre, comme la règle d'or : « Fais aux autres ce que tu voudrais qu'ils te fassent » ; ou l'axiome de Grotius : « Ne fais de tort à personne, et rends à chacun ce qui lui est dû. »

Ou encore, vous pouvez adopter comme norme fixe la maxime suivante : « Chacun de mes gestes doit contribuer à ma réussite finale » ; vous pouvez également adopter la règle suivant laquelle tous vos gestes devront avoir pour but d'améliorer le monde, ou être conformes à quelque enseignement éthique, moral ou religieux.

Nous n'avons mentionné tous ces exemples et illustrations que pour vous indiquer la nature du principe général dont il est question ici, et non pas pour vous obliger à adopter l'un ou l'autre d'entre eux ; vous pouvez avoir une norme fixe bien à vous et plus conforme à vos objectifs spécifiques. Notre but est simplement de vous convaincre d'adopter une norme fixe, quelle qu'elle soit.

La pierre de touche du positivisme, si souvent mentionnée tout au long de cet enseignement, peut cependant être adoptée : Il s'agit d'une base de conduite et d'action solide et pratique car, bien interprétée et bien comprise, elle représente un idéal très élevé de philosophie pratique. Sa question : *Cela me rendra-t-il plus fort, meilleur et plus efficace*? est basée sur le triple idéal de la force, de la vertu et de l'efficacité, ce qui n'est sûrement pas un idéal dénué de valeur ou contraire à l'impératif catégorique ou à la règle d'or, car on ne peut la discuter en tant que règle universelle de conduite et d'action, ou même de justice envers autrui. Il s'agit d'une suggestion, que vous êtes libre de rejeter au profit d'une règle de votre choix, sans menacer de quelque façon que ce soit l'application du principe ou de la méthode que nous allons maintenant vous expliquer.

L'adoption de votre norme fixe vous fournira un outil au moyen duquel vous pourrez mesurer, peser ou évaluer toute alternative pouvant déjouer vos efforts de détermination. À partir de cette norme vous pourrez établir une échelle ou une table des valeurs de votre volonté — une échelle clairement définie et sûre qui vous permettra de mesurer, de peser et d'évaluer les diverses lignes de conduite offertes en permanence à la décision de la détermination. Cette échelle ou table des valeurs de la volonté doit être établie aussitôt que possible, bien avant le moment du choix ou de la prise de décision. Elle doit couvrir autant que possible toutes les exigences probables dont vous aurez à décider — et en particulier le principe général du choix dans tout domaine qui est susceptible de se présenter à vous.

En d'autres mots, vous devez procéder à la délibération bien avant que vous ne décidiez de la ligne de conduite à adopter, de manière à ce que, au moment où l'épreuve surviendra, vous ayez déjà fermement et positivement arrêté la base de votre décision et de votre détermination, et qu'ainsi vous puissiez vous prononcer sans délai, appuyé par le poids de votre considération préalable. De cette manière, vous décidez bien à l'avance de l'itinéraire qu'empruntera votre volonté et vous échappez aux rochers et aux écueils qui menacent le marin dépourvu d'un itinéraire soigneusement tracé.

La table des valeurs de votre volonté doit comporter divers degrés de valeurs. En tête de liste doivent se retrouver vos valeurs premières, c'est-à-dire les principes d'action qui ont une incalculable valeur à vos yeux et qui doivent toujours être dominants. Ces valeurs premières doivent représenter des lignes de conduite visant à l'obtention de résultats tout à fait conformes à votre norme fixe. Ainsi, si vous avez adopté la pierre de touche du positivisme, vos valeurs premières représenteront des actions et des comportements qui tendront nettement et positivement à vous rendre « plus fort, meilleur et plus efficace ».

Vos valeurs premières (quoi qu'elles puissent représenter) ne doivent jamais être sacrifiées, quelle que soit la tentation qui se présente ; toute ligne de conduite contraire ou opposée à vos valeurs premières doit être rejetée sur-le-champ. Vos valeurs premières doivent revêtir une signification quasi religieuse ; elles doivent vous inspirer à un point tel que la suggestion de leur violation vous horrifie et vous indigne. Ces valeurs premières doivent être considérées comme un bien sacré que l'on doit traiter avec vénération.

Au bas de l'échelle, on doit retrouver les « valeurs de dernier ordre », c'est-à-dire certaines lignes de conduite provoquant l'aversion et le dégoût et qui, en aucune circonstance, ne doivent faire l'objet d'un choix de votre part. Vous devez fermement établir ces valeurs de dernier ordre et vous tenir à l'écart des lignes de conduite et des comportements qu'elles représentent. Vous devez éviter de les côtoyer, de vous compromettre avec elles ; elles doivent toujours être considérées comme essentiellement mauvaises et opposées à votre véritable bien-être ainsi qu'à la permanence de votre bonheur, de votre satisfaction et de votre contentement. Ces valeurs de dernier ordre doivent être à vos yeux ce qu'était le Diable aux yeux des religieux orthodoxes de l'antiquité : Vous ne devez faire aucun compromis avec Satan ; vous devez constamment adopter l'attitude du « Arrière, Satan ! » face à ces valeurs de dernier ordre. Et si votre norme fixe est la pierre de touche du positivisme, vos valeurs de dernier ordre représenteront les lignes de conduite qui tendront à coup sûr de vous rendre *plus faible, pire et moins efficace.*

Entre ces valeurs premières à rechercher sans cesse et ces valeurs de dernier ordre à éviter à tout prix, il y aura un vaste éventail de valeurs médianes ou neutres, disposées, selon leurs qualités et leurs défauts respectifs, à proximité de l'un ou l'autre des deux pôles de l'échelle. Votre jugement vous dictera la place à accorder dans l'échelle à chacune de ces valeurs, et vous constaterez qu'il est très intéressant d'ordonner toutes les lignes de conduite possibles à l'intérieur de votre échelle. Nous vous conseillons d'utiliser un crayon et du papier à cette étape et de vous construire réellement, en noir sur blanc, une échelle de ce genre.

Le fait principal à retenir — le fait vital sur lequel repose la valeur du système tout entier — est que *la disposition des valeurs de l'échelle doit être mémorisée de façon à être consultée facilement en tout temps.* Chaque catégorie ou sous-catégorie de l'échelle doit avoir sa place définie et particulière, de façon à ce que vous puissiez la trouver en tout temps, et chacune des catégories doit être tout à fait distincte des précédentes et des suivantes sur l'échelle. Plus votre classification sera précise et nette, plus votre échelle sera efficace compte tenu de la grande disponibilité de chacun de ses éléments.

L'échelle idéale est celle qui vous permet de déterminer instantanément laquelle de deux lignes de conduite possède la plus grande valeur pour vous. Plus vous serez prêt de cet idéal, plus votre table des valeurs de la volonté sera efficace. À cet égard, si vous utilisez un tant soit peu votre imagination, vous serez vite convaincu des merveilleux services qu'une table de ce genre peut vous rendre. Imaginez ce que ce serait de posséder une table des valeurs de la volonté aussi exhaustive et infaillible que la table des multiplications! Vous découvrirez qu'il s'agit d'une amélioration de taille par rapport à la méthode du tout ou rien, tout comme la table des multiplications est une nette amélioration par rapport à la méthode qui consiste à compter sur ses doigts.

Si vous avez bien construit la table des valeurs de votre volonté, vous constaterez que vos valeurs premières représentent (a) vos sentiments, émotions, affections et désirs les plus puissants (b) soumis à l'examen, l'analyse, la synthèse et le jugement final de vos facultés de raisonnement et (c) éprouvés suivant vos normes et vos principes moraux ou éthiques les plus nobles. Votre nature mentale, physique, morale et spirituelle a participé à l'établissement de la table des valeurs de votre volonté, qui représente donc l'essence de votre nature et de votre caractère tout entiers.

Lorsque vous êtes confronté à plusieurs alternatives au cours du processus de décision et de détermination, vous n'avez qu'à faire subir à chacune des alternatives l'épreuve des questions suivantes : *Quel rang cette ligne de conduite occupe-t-elle sur la table des valeurs de ma volonté ? Jusqu'à quel point ressemble-t-elle, s'harmonise-t-elle et est-elle conforme à mes valeurs premières ? À quel point est-elle opposée à mes valeurs de dernier ordre ?* La réponse à ces questions vous indiquera, immédiatement et directement, la véritable valeur de chacune des alternatives ; votre décision et votre détermination se manifesteront alors rapidement. De plus, cette méthode fournit à la volonté l'habitude de la décision et de la détermination suivant les critères des valeurs les plus nobles de la volonté.

Vous devez cependant vous rappeler que la table des valeurs de votre volonté peut être augmentée, améliorée, modifiée et soumise au processus du développement évolutif à mesure que se diversifie votre expérience et que s'élargit votre horizon intellectuel, émotionnel et moral. La table des valeurs de la volonté d'un jeune homme, bien qu'elle puisse lui rendre de précieux services, ne peut être utilisée adéquatement par l'homme d'expérience et de maturité. Comme tout le reste dans la nature, la loi de l'évolution doit gouverner cette table des valeurs de la volonté. Le système n'est nullement un code rigide et inflexible qui, une fois formé et adopté, ne peut plus être amélioré et augmenté par la suite. Au contraire, l'homme intelligent et progressiste verra à ce que la table des valeurs de sa volonté tienne compte de son savoir et de son expérience sans cesse en évolution.

Mais vous devez noter ici deux mises en garde et conseils très importants concernant les changements à apporter à la table des valeurs de votre volonté :

(1) *Évitez en tout temps de transformer ou de modifier l'échelle des valeurs de votre volonté lorsque vous subissez l'influence de la tentation, à la suggestion d'autres personnes intéressées par votre décision ou lorsque vous faites face aux feux nourris de l'opposition; (2) lorsque l'échelle des valeurs de votre volonté demeure inchangée à la suite d'une décision ou du choix d'une ligne de conduite, respectez-la implicitement et positivement; vous devez la respecter strictement jusqu'à ce que des modifications adéquates y soient apportées au moment opportun, c'est-à-dire en dehors de toute tension provoquée par la tentation, la suggestion ou l'opposition.*

Les conseils additionnels suivant à cet égard vous seront sans aucun doute très utiles :

(1) Comme nous venons de le mentionner, la table des valeurs de votre volonté ne doit jamais être changée ou modifiée sous la tension, que celle-ci provienne de la tentation, de l'opposition directe ou des suggestions d'autres personnes. Tout changement, modification ou développement évolutif de la table des valeurs de votre volonté doit être apporté lorsque vous êtes libre de l'influence directe de ces éléments négatifs, car sous l'influence directe de ces forces psychologiques votre jugement n'est pas toujours parfaitement clair et votre nature émotionnelle est souvent agitée.

Voici la règle à suivre : *Les changements et modifications — les amendements à la constitution de votre volonté — ne doivent être apportés que dans des circonstances semblables (ou similaires) et avec le soin, la considération et la délibération qui prévalaient lors de la prise de décisions ayant présidé à la formation originale de la table des valeurs de votre volonté — la constitution de votre volonté.* En observant cette règle, vous garderez les deux pieds sur terre et vous échapperez à de nombreux dangers et expériences désagréables.

(2) Nous vous avons dit aussi que vous devez respecter en tout temps la table des valeurs de votre volonté. Aussi longtemps que votre échelle ne subit aucune modification ou transformation quant à une ligne de conduite à adopter, vous devez vous considérer absolument lié par celle-ci. Toute autre décision vous mènerait à un état d'instabilité et d'incertitude, d'indécision et de manque de détermination, ce qui est la marque d'une volonté faible et hésitante.

La table des valeurs de votre volonté représente le meilleur de vous-même, le meilleur de votre nature tout entière à tout moment et, conséquemment, il s'agit à long terme de votre guide le plus sûr et le plus sain quant aux gestes à poser et aux décisions à prendre. Elle vous représente dans un état de calme, de sage réflexion et de décision, par opposition à votre personne se trouvant sous les influences néfastes qui ébranlent votre jugement et agitent les eaux de vos émotions. Elle représente le jugement de l'homme sobre par opposition à celui de l'homme ivre.

Notez cependant la distinction suivante : Bien que l'individu entêté et étroit d'esprit respecte la table des valeurs de sa volonté, il ne soumet pas celle-ci à l'influence de la loi de l'évolution, n'y admettant aucune idée nouvelle, aucun nouveau point de vue, aucun nouveau fait amené par un changement de situation. L'homme de véritable fermeté et stabilité de volonté cependant, même s'il s'en tient fermement à la table des valeurs de sa volonté, est néanmoins toujours disposé et impatient « d'être de son temps » quant à sa table de valeurs ; et il travaille toujours à améliorer la qualité de celle-ci dans des conditions adéquates. Alors que les deux hommes respectent la table des valeurs de leur volonté en tout temps, leurs méthodes respectives comportent une différence aussi importante que la distance séparant les deux pôles. Dans l'un des cas le code est pétrifié et rigide, alors que dans l'autre il est flexible, vivant et sujet à des améliorations dans les conditions appropriées. Celui qui fait preuve d'une véritable fermeté conserve son objectif, mais il est disposé à modifier son point de vue si cela peut servir son objectif. Cependant, l'entêté ne conserve que son point de vue, s'y accrochant même si cela met son objectif en péril et le détruit de ce fait. Notez cette distinction.

On constatera que ces deux dernières mises en garde donnent à long terme de bons résultats, leurs quelques exceptions (apparentes) servant surtout à mettre l'accent sur la règle générale. Il n'y a que très peu de cas où ces règles ne constitueront pas la ligne de conduite la plus sage et la plus sûre. Si vous avez mis suffisamment de soin à l'établissement de la table des valeurs de votre volonté, les exceptions à ces règles s'avéreront tout à fait insignifiantes.

Ce système fondé sur la table des valeurs de la volonté n'est pas aussi arbitraire qu'il semble à prime abord. À condition que votre table ait été soigneusement établie et que vous l'ayez soigneusement consultée avant d'en venir à une décision finale, le système représente le meilleur de votre être intellectuel, émotionnel et moral. Conséquemment, en vivant conformément à ces normes les plus nobles de votre être et en évitant ce qui est bas et sans valeur, vous vivez conformément à vos valeurs permanentes et réelles les plus nobles ; vous ne vous démentez pas et, de ce fait, vous êtes loyal envers tous les hommes.

L'acquisition d'une conscience des valeurs de la volonté

Si vous faites preuve d'un sérieux et d'une détermination appropriés dans l'établissement de la table des valeurs de votre volonté basée sur la norme fixe de votre choix, pour appliquer ensuite les normes de cette table honnêtement et consciencieusement, vous découvrirez sous peu que vous avez établi dans votre subconscient ce qu'on peut appeler une conscience des valeurs de la volonté. Cette conscience gagnera en puissance et pourra bientôt se manifester aussi vigoureusement et efficacement que la bonne vieille conscience morale avec laquelle nous sommes tous plus ou moins familiers.

La nouvelle conscience des valeurs de la volonté existant dans les régions subconscientes de votre être déclenchera l'alarme lorsque vous courrez le risque de violer les principes de votre norme fixe et de passer outre à vos valeurs premières. Elle vous causera un malaise lorsque vous ne vivrez pas à la hauteur de vos normes ; elle vous fera ressentir la chaleur de la satisfaction lorsque vous vous conformerez au principe. Béni est celui qui est animé de cette conscience des valeurs de la volonté ; il aura cet « élément intérieur » qui le gardera sur la bonne voie et qui l'avertira lorsqu'il sera tenté d'emprunter les voies secondaires pouvant le détourner de la voie de la réalisation. Et trois fois béni est celui qui, ayant acquis cette conscience, prend l'habitude de se soumettre à ses mises en garde et d'obéir à ses ordres.

Ce chapitre du présent ouvrage doit être étudié en étroite relation avec le chapitre précédent et le chapitre suivant, car ces trois chapitres traitent sensiblement du même sujet, et l'enseignement de chacun est étroitement lié à celui des deux autres.

Dans le présent chapitre, nous avons tout bonnement examiné la première phase de la volonté déterminante, c'est-à-dire la phase de la décision. L'examen de la seconde phase, soit celle de la ferme résolution ou de l'absolue direction vers une certaine fin, fera l'objet du chapitre suivant, intitulé « La volonté active ». La raison d'une telle division du sujet et d'un tel mélange des deux phases de la volonté active vous apparaîtra plus limpide au fur et à mesure de notre enseignement.

6

La volonté active

Le stade de l'action est le cinquième stade du processus de la volonté. Ici la volonté se manifeste par l'*action volontaire*, c'est-à-dire *le processus de l'action et du mouvement par le pouvoir de la volonté*. Il s'agit du stade final du processus de la volonté, celui dont tous les stades précédents n'ont été que les préliminaires. C'est dans l'action volontaire que la volonté manifeste l'unicité de sa nature et de son caractère. Toutes les énergies de la volonté ont été préalablement dirigées vers l'action volontaire. Le pouvoir de la volonté se préoccupe essentiellement d'action. Chaque fois que l'émotion se transforme en action et en mouvement, il s'agit d'action de la volonté. La volonté fait inévitablement partie de tout nos agissements. Les idées tirent leur élément moteur de la volonté.

En théorie, on peut dire que la décision et la détermination concluent le processus de la volonté et, en fait, les anciens psychologues soutenaient et enseignaient cette vérité. Mais l'expérience pratique, appuyée par l'enseignement de la psychologie moderne, soutient que la décision et la détermination ont peu de valeur réelle si elles n'ont pas l'action pour conséquence. Le vieil adage qui dit que « l'enfer est pavé de bonnes intentions » peut avec justesse être quelque peu altéré de façon à ce qu'on puisse dire que l'enfer est pavé de « bonnes décisions non complétées et de résolutions avortées ». Bien des gens ont l'habitude de croire que lorsqu'ils décident et prennent la résolution de faire quelque chose, le problème est réglé et qu'ils n'ont plus à faire quoi que ce soit à ce sujet désormais.

Il est très facile de s'asseoir dans un fauteuil confortable et de décider de pénétrer sur-le-champ dans l'univers de l'action ; mais il est extrêmement difficile d'accomplir le dixième seulement des tâches que l'on s'est fixées, bien que nombre de gens ne semblent pas percevoir la distinction et la différence existant entre les deux processus. Comme le disait William James, vous êtes dans votre lit par une froide matinée, et vous vous décidez fermement à vous lever et à entreprendre vos tâches de la journée ; vous décidez qu'il s'agit de la seule ligne de conduite sensée à adopter et que c'est effectivement celle que vous adopterez, mais souvent vous ne voulez même pas bouger un muscle pour passer à l'action. Dans de tels cas, ce n'est que lorsque l'idée de vous lever devient de plus en plus désagréable et insistante — lorsque votre réveil mental fait entendre avec persistance son agaçante sonnerie — que vous sortez du lit avec un dernier grognement de protestation.

Le monde regorge d'individus qui s'avèrent incapables de réaliser que le fait de prendre une décision et de se résoudre à faire quelque chose n'a rien à voir avec le fait de poser véritablement le geste. Ces individus accomplissent rarement un véritable travail de leur propre chef et tout ce qu'ils font, ils sont forcés de le faire par d'autres ou par la force des circonstances. Ils *décident* constamment de faire des choses, ils *prennent la résolution* de faire des choses, mais il est rare qu'ils *fassent vraiment* quelque chose. Les processus de leur volonté sont rarement complétés. Les hommes et les femmes qui font le travail du monde, qui connaissent la réussite, qui atteignent leurs buts sont ceux qui, s'étant fermement résolus et déterminés à accomplir quelque chose, complètent ensuite les processus de leur volonté en passant à l'action et en accomplissant ce qu'ils ont décidé de faire.

Mais une fois de plus, nous sommes confrontés à un autre de ces étranges paradoxes dont foisonne la science de la psychologie. Nous venons tout juste de voir que lorsqu'on espère accomplir quelque chose dans le monde, on doit aller au-delà du stade de la simple décision, de la résolution et de la détermination, et donc accéder au plan de l'action volontaire. Par ailleurs, nous devons maintenant vous informer que si vous désirez que votre action volontaire serve à quelque chose, si vous voulez qu'elle soit efficace et qu'elle réalise ses objectifs, vous devez ajouter à cette action volontaire une forme hautement développée de détermination. De fait, lorsqu'on l'analyse de près, on constate que l'action volontaire est la manifestation de l'aspect dynamique de l'attention déterminée. La phase subjective de la détermination est l'aspect statique de la volonté alors que l'action volontaire objective est l'aspect dynamique de la volonté, ces deux éléments étant simplement des aspects jumeaux d'une même chose, en dernière analyse.

Une fois ce fait compris, il va de soi que l'action volontaire efficace doit toujours être précédée ou accompagnée d'une forte et positive intention déterminée. Rappelons la définition de ces deux termes. Le terme *intention* signifie : *vue, but, dessein, détermination, résolution ou volonté d'atteindre un objectif défini. Ce que l'individu se fixe comme objet à atteindre ou à obtenir ; la fin ou le but que l'individu a en vue en rapport avec un projet ou une entreprise ; ce qu'il compte faire, ce dont il a l'intention, son dessein, son plan, son projet.* Le terme *détermination*, dans le sens particulier où nous l'entendons, se définit comme suit : *force ou fermeté de l'esprit ; ferme résolution ; direction absolue vers un certain but.*

À partir de ces définitions, vous n'aurez aucune difficulté à vous former un concept clair et positif de ce qu'est l'intention déterminée ; mais afin de mieux illustrer cet élément, nous vous demandons d'examiner et de mémoriser les citations suivantes d'écrivains éminents. Chacune d'entre elles a été sélectionnée dans un but particulier, tout autant que pour mettre l'accent sur une certaine phase du pouvoir de votre volonté. Ces citations vous aideront à ajouter les derniers détails à votre image mentale ou à votre idée générale de ce qu'est l'intention déterminée, cet esprit essentiel de la volonté.

Buxton écrit : « Plus je vieillis et plus je suis convaincu que la grande différence entre les hommes, entre les faibles et les puissants, les grands et les insignifiants, réside dans l'invincible détermination : un objectif fixé une fois pour toutes, et ensuite la victoire ou la mort. Cette qualité permettra de faire tout ce qui est possible en ce monde ; et aucun talent, aucune circonstance, aucune occasion ne fera un homme d'un bipède sans cette qualité. »

Mitchell écrit : « La résolution est ce qui caractérise l'homme qui s'affirme ; non pas une faible résolution ou un vague objectif, mais cette puissante et infatigable volonté qui permet d'abattre les difficultés et les dangers comme celui qui se fraie un chemin dans la jungle, cette volonté qui allume l'oeil et le cerveau et les pousse vers l'impossible. La volonté transforme les hommes en géants. »

Disraeli écrit : « À la suite de longues méditations, j'en suis venu à la conviction que l'être humain qui poursuit un dessein bien arrêté doit le réaliser, et que rien ne peut résister à une volonté qui misera son existence même sur la réalisation de son objectif. »

Simpson écrit : « Un désir passionné et une infatigable volonté peuvent accomplir l'impossible, ou ce qui semble tel aux yeux des gens froids et faibles. »

Foster écrit : « Il est merveilleux de noter à quel point même les accidents de la vie ont tendance à se soumettre à l'esprit qui refuse de leur céder, et à servir un dessein qu'ils semblent menacer. Lorsque s'affirme une volonté ferme et décisive, il est curieux de constater à quel point l'espace se dégage autour d'un homme pour lui laisser une grande liberté de mouvement. »

Emerson écrit : « Nous progressons avec austérité et dévouement, en croyant aux puissants liens de la destinée, et nous refusons de faire demi-tour pour sauver notre vie. Un livre, un buste ou même l'évocation d'un nom provoque une étincelle à travers le système nerveux, et soudain nous croyons à la volonté. Il n'existe aucune vigueur personnelle, aucun grand pouvoir de réalisation qui soit dénué d'une ferme résolution. »

Voilà l'esprit dans lequel vous devez solliciter votre action volontaire en vue de l'accomplissement et de la réalisation de vos motifs premiers, de vos valeurs premières, de votre norme fixe et de votre summum bonum ou plus grand bien. Entreprenez la tâche dans l'esprit de la formule maîtresse de réalisation si souvent mentionnée tout au long de notre enseignement, et qui s'énonce comme suit : *(1) Les idéaux précis, (2) l'ardent désir, (3) l'espoir confiant, (4) la détermination persistante et (5) la compensation équilibrée.*

Nous vous demandons d'examiner soigneusement le principe de cette formule maîtresse que vous êtes sur le point d'utiliser dans votre tâche d'action volontaire menant à la réalisation. Considérez en détail ses éléments, qui vous sont présentés dans les pages qui suivent. Réfléchissez-y longuement ; mémorisez-en les aspects essentiels.

(1) *Les idéaux précis*. Avant de pouvoir entreprendre intelligemment de faire, d'obtenir ou de réaliser quelque chose, vous devez d'abord avoir une idée, un idéal clair et précis de la chose en question. Dans votre considération de l'intention déterminée, vous ne devez pas perdre de vue l'importance de l'intention pendant que vous développez votre détermination. La détermination perdra presque toute sa force dynamique si elle est dispersée ou si l'intention qui la dirige manque de définition et de clarté. Souvenez-vous que l'une des définitions de la *détermination* est : *direction absolue vers une certaine fin* ; n'oubliez pas non plus qu'*intention* signifie : *but, dessein, résolution, détermination et volonté de réaliser ou d'atteindre un objectif ou une fin spécifique*.

Notez surtout la référence à *une certaine fin* et à *un objectif ou une fin spécifique*. Les termes «certain» et «spécifique» supposent *la précision, la clarté, la spécificité du sens, des idées et des idéaux*. Ils soulignent la nécessité de la précision des idéaux et de l'intention. Si votre action volontaire n'a pas de direction précise, votre intention déterminée perd dès lors l'un de ses puissants atouts. Ce premier élément de la formule maîtresse est très important dans le cas présent, le cas de la manifestation de l'action volontaire et de l'intention déterminée.

Avant que vous puissiez vraiment décider d'agir, vous devez connaître le but de votre geste, l'objectif à atteindre, la chose à obtenir ou la direction à prendre. Plus votre intention ou votre but sera précis et positif, plus intense sera la concentration que vous pourrez consacrer à la tâche. Vous devez à cette étape faire appel à vos pouvoirs d'idéation et de visualisation. Vous devez apprendre à tracer l'itinéraire que vous souhaitez emprunter ; à dessiner le contour des océans sur lesquels vous désirez naviguer. Vous devez exercer votre capacité de planifier, de tracer et de dresser un plan de travail par rapport à ce que vous souhaitez réaliser. Vous connaissez la direction générale, en raison de la connaissance que vous avez de vos motifs primordiaux, de vos valeurs premières et de votre norme fixe ; mais sans doute n'avez-vous pas encore tracé votre itinéraire de façon plus détaillée et plus complète. Vous devez corriger et surmonter cette déficience s'il y a lieu.

Cependant, il vous sera peut-être impossible de prévoir les moindres petits détails de votre objectif. Dans ce cas, faites de votre mieux : Tracez, aussi clairement que possible, le schéma général, et ajoutez-y les détails à mesure qu'ils prennent forme dans votre imagination constructive. Faites de votre mieux pour vous donner un but précis ; un minimum d'exercices vous permettra de vous améliorer en ce sens. Vous ne vous attendriez pas à ce qu'un constructeur érige une maison sans au préalable avoir obtenu d'un architecte un plan de cette maison ; vous ne vous attendriez pas à ce qu'un ingénieur du secteur ferroviaire construise un chemin de fer sans qu'on lui ait d'abord fourni les plans appropriés. Par conséquent, vous devez savoir avec netteté, clarté et précision ce que vous souhaitez accomplir, les fins et les buts à atteindre, la direction à prendre et l'objectif que vous désirez atteindre avant de pouvoir mettre en oeuvre efficacement votre détermination persistante.

L'expression « Je ne sais où je vais, mais je me mets en route » n'a rien de scientifique. Vous devez savoir où vous allez ; vous devez également savoir pourquoi vous y allez et ce que vous êtes susceptible de rencontrer en cours de route. Vous devez vous prévaloir de la leçon que comporte la vieille histoire de l'architecte qui témoignait lors d'un procès : Il déclarait que la construction de tout immeuble nécessitait toujours l'apport des gens de sa profession. Le procureur de la partie adverse lui lança alors sur un ton sarcastique : « Veuillez nous dire, dans ce cas, qui a été l'architecte de la tour de Babel ? » L'architecte répondit sans hésiter : « Il n'y en a pas eu, monsieur, et c'est ce qui explique la confusion et l'échec. »

En relisant les citations contenues dans les pages qui précèdent, vous verrez que leurs auteurs ont particulièrement insisté sur la nécessité d'un objectif bien établi, d'un dessein bien arrêté. La phrase de Disraeli : « L'être humain qui poursuit *un dessein bien arrêté* doit le réaliser », nous en fournit le mot d'ordre. Non seulement l'objectif doit-il être clair et précis, mais il doit aussi être fermement établi et poursuivi avec opiniâtreté, détermination, persistance et constance. Plus vous pouvez voir clairement ce que vous voulez faire exactement, plus vous serez capable de le faire et plus vous serez déterminé à matérialiser cet objectif visualisé et idéalisé.

Non seulement devez-vous vouloir suffisamment mais vous devez aussi savoir exactement ce que vous voulez. Une fois en possession de ces pouvoirs de votre être mental et émotionnel, vous êtes prêt à appliquer et à exercer votre intention déterminée à sa pleine capacité et dans toute sa puissance. Ayant découvert votre but dans la vie, vous devez l'exprimer par l'action volontaire et le matérialiser ; plus claire et définie sera l'image mentale, plus définie et positive sera la matérialisation.

(2) *Le désir ardent.* Vous vous êtes familiarisé avec les faits concernant le pouvoir du désir. Vous avez vu que tout pouvoir de la volonté est sollicité par le désir, et que le degré de pouvoir de la volonté manifesté est directement proportionnel à l'intensité du désir qui le sous-tend. Cela étant, il est inutile d'expliquer plus avant la nécessité de manifester un désir puissant et positif lorsque vous souhaitez accomplir quoi que ce soit. Vous réalisez que la flamme du désir est nécessaire pour générer la vapeur de l'action volontaire.

Pour matérialiser les objets ou circonstances que représentent vos valeurs premières, vos motifs primordiaux et votre norme fixe, vous devez toujours chercher à manifester ce sentiment, ce désir insistant, impérieux et dominant qui ne peut être écarté. Nous avons à plusieurs reprises illustré cet état d'esprit en faisant appel à l'exemple du désir d'air de l'homme qui se noie ou qui suffoque, du désir de nourriture de l'affamé, du désir d'eau du naufragé ou de celui qui est perdu dans le désert, du désir de partenaire du fauve ou du désir que ressent la femelle pour la sécurité et le bien-être de ses petits. Voilà dans quel esprit d'ardent désir vous devez entreprendre la tâche de votre action volontaire en vue de la réalisation de vos motifs primordiaux et de vos valeurs premières.

(3) *L'espoir confiant.* L'état d'esprit qui reflète l'expression « espoir confiant » est très positif pour vous; son contraire, le doute craintif, peut vous être des plus dommageables. L'espoir confiant tend à mettre en activité tous les pouvoirs de votre être mental et à leur donner cette volonté d'accomplissement basée sur la confiance et la conviction en la réussite finale. La crainte et le doute tendent à paralyser la volonté, alors que la foi et l'espoir tendent à lui donner de l'énergie et de l'inspiration. Il n'est pas nécessaire d'aborder l'aspect psychologique de cet état de fait; il suffit pour l'instant de l'énoncer et de se reporter à l'expérience quotidienne pour l'expliquer.

Si vous examinez les cas d'hommes et de femmes qui ont réalisé de grandes choses dans le monde, dans quelque domaine que ce soit, vous constaterez que, dans chaque cas, ces individus ont été inspirés par la conviction en leur réussite finale: Ils espéraient et avaient confiance en une telle réussite. S'ils avaient cru le contraire, ils n'auraient pas eu le courage et la persévérance qui leur ont permis de surmonter les obstacles qui se dressaient sur leur route, et de se servir de leurs échecs apparents pour parvenir au succès.

C'est l'espoir confiant, cette combinaison de foi et d'espoir, qui permet de vérifier la véracité de l'adage qui dit : « Lorsque vous sentez que vous devez abandonner, agrippez-vous plus fermement, car la victoire est proche. » Quand on réalise l'effet qu'a l'espoir confiant sur les activités de la volonté, on est presque forcé de se ranger tout à fait du côté de Tanner lorsqu'il déclare que « Croire fermement équivaut presque à réaliser son objectif ». Mais que l'on puisse ou non pousser ce principe aussi loin, il ne fait aucun doute que l'espoir confiant est l'un des éléments les plus puissants de l'action volontaire efficace.

Au cours de cet enseignement, nous vous avons pressé d'adopter le slogan : *Je peux, je veux ; j'ose, je fais !* *Je peux* est basé sur l'espoir confiant ; *J'ose* provient de la même conviction intime du succès final. De fait, l'esprit de l'espoir confiant anime le slogan tout entier, ainsi que tous les processus de la volonté éveillée.

(4) *La détermination persistante.* Nous abordons maintenant l'élément caractéristique de l'intention déterminée. Le terme « détermination » contient en soi l'idée et la notion de persistance. La notion de persistance est présente dans toutes les applications du *Je peux, je veux ; j'ose, je fais !* Non seulement l'individu doit-il être constamment déterminé à faire une chose, mais il doit aussi appliquer avec persistance sa volonté à la tâche. La détermination dénuée de persistance serait comme la pièce de *Hamlet* dépourvue du personnage même de Hamlet. De fait, il est difficile de se former un concept du pouvoir pratique de la volonté à moins d'y inclure l'élément de la persistance active. La volonté persistante est la volonté efficace : C'est la volonté réelle en action. Quelle que soit notre conception de la volonté efficace, il faut toujours la concevoir comme étant persistante.

Par la détermination persistante, non seulement manifestez-vous le pouvoir de la volonté dans l'action volontaire, mais aussi pour ce qui est de stabiliser et de maintenir à l'oeuvre le pouvoir dynamique de la volonté. Une fois que vous avez acquis le contrôle total du pouvoir de votre volonté, vous devez appliquer à ses activités la notion de persistance. Vous devez exprimer cette qualité par la ténacité, la fermeté, l'intention bien arrêtée, la direction définie et la constance jamais démentie à poursuivre l'itinéraire choisi. Vous devez l'exprimer en poursuivant avec ténacité le travail entrepris et en respectant le plan général qui doit régir ce travail. Vous devez l'exprimer par la persévérance, malgré les obstacles et les découragements, et par la ténacité face aux oppositions et aux entraves.

Les caractéristiques de la détermination persistante sont la stabilité, la persévérance, la cohérence, la ténacité, l'entêtement et l'application persistante. La détermination persistante vous permet de maintenir votre volonté à la tâche, de l'y maintenir fermement et continuellement jusqu'à ce que la réussite soit atteinte et la victoire remportée. La réussite dépend dans bien des cas de l'application de la détermination persistante, de la manifestation du pouvoir et de la détermination de tenir jusqu'au bout. Plus d'un homme possédant les autres qualités du pouvoir de la volonté a combattu courageusement pour finalement, juste avant que le vent ne tourne en sa faveur, relâcher ses efforts et abandonner la lutte, défait non pas par les circonstances, mais par son propre manque de détermination persistante. En étudiant la vie des grands inventeurs — Morse et Edison, par exemple — vous constaterez l'extrême importance de cette capacité de s'accrocher et de cet esprit dont s'imprègne l'expression qui veut qu'on ne jette pas le manche après la cognée.

(5) *La compensation équilibrée.* Cet élément de la formule maîtresse trouve son expression familière dans les mots « payer

le prix». On doit payer le prix de toute réalisation. La compensation est une loi de la nature, et elle manifeste sa force sur tous les plans de l'existence et dans toutes les formes d'activité. Celui qui cherche à obtenir quelque chose doit être disposé à en payer le prix. Le prix peut adopter la forme de travail à accomplir, de persévérance, d'application persistante, de labeur et de diligence, ou de services rendus à des associés — d'une capacité et d'une disposition à donner l'équivalent de ce que l'on obtient pour soi-même; ou du sacrifice et de la renonciation à des idées, des idéaux, des sentiments, des désirs, des buts et des ambitions qui sont opposés au sujet ou à l'objet représenté par les motifs primordiaux et les valeurs premières. L'individu doit être prêt à sacrifier les valeurs moindres au profit des plus importantes.

Tous ceux qui réalisent et accomplissent quoi que ce soit de valable en paient d'abord le prix sous les diverses formes que nous venons de mentionner. La compensation est nécessaire à la réalisation; il y a toujours un équilibre entre ce qu'on obtient et ce que l'on donne ou ce que l'on concède. Celui qui cherche à s'en tirer sans payer le prix défie une importante loi de la nature et de la vie. C'est un peu comme s'il existait dans le cosmos un grand livre dont chaque page comporterait une colonne de crédit et une colonne de débit. La LOI établit continuellement des bilans, des balances de vérification et des arrêtés de comptes. Le sage réalise cela et profite de son savoir; le fou l'ignore, et il échoue en raison de sa folie. « Les dieux dirent à l'homme : Que veux-tu? Prends-le et paies-en le prix! »

L'esprit de la volonté active. Les citations suivantes d'écrivains éminents serviront à illustrer l'esprit de la volonté active, particulièrement dans sa phase d'intention déterminée. Lisez soigneusement chacune des citations, réfléchissez-y honnêtement et mémorisez-les. Chacune d'entre elles a été choisie dans le but de faire la lumière sur un aspect ou un principe spécifique, et toutes sont destinées à vous servir d'inspirations dans les moments de doute, de tentation, d'épreuve ou de découragement. Il s'agit véritablement de toniques de la volonté. Nous vous mettons au défi de les répéter honnêtement sans ressentir les vibrations et l'excitation de la volonté animant votre âme et éveillant l'esprit du *Je peux, je veux; j'ose, je fais*!

Kennan écrit: « Dans ce monde, l'esprit humain avec sa force dominante, la volonté, peut être et doit être supérieur à toutes les sensations physiques et à tous les accidents de l'environnement. »

Harriet Beecher Stowe écrit: « Lorsque vous vous retrouvez dans une situation où tout semble être contre vous, au point que vous ayez l'impression de ne pas pouvoir tenir une minute de plus, n'abandonnez pas, car c'est à ce moment que le vent est sur le point de tourner. »

D'Alembert écrit: « Allez, monsieur, allez! Les difficultés auxquelles vous faites face s'estomperont à mesure que vous avancerez. Allez de l'avant, et la lumière se fera et éclairera de plus en plus intensément votre route. »

Henry Ward Beecher écrit: « C'est la défaite qui fortifie, transforme et rend les hommes invincibles, et qui a formé ces natures héroïques qui règnent maintenant sur le monde. Ne craignez pas la défaite. Jamais on n'est plus près de la victoire que lorsqu'on subit la défaite pour une noble cause. »

Cuyler écrit: « Il est étonnant de constater combien d'hommes sont dépourvus du pouvoir de tenir ferme jusqu'à ce que le but soit atteint. Ils font parfois un effort soudain, mais cela est de courte durée. Ils sont facilement découragés. Ils tiennent bon tant que tout va bien, mais lorsque les frictions surviennent ils abandonnent. Ils tirent leur esprit et leur force de personnalités plus fortes. Ils manquent d'indépendance ou d'originalité. Ils n'osent faire que ce que les autres font. Ils ne se démarquent pas de la foule et agissent de manière craintive. »

Emerson écrit : « Je ne connais aucune qualité plus révélatrice de l'esprit souverain que cette force de volonté qui, en dépit de tous les changements de compagnons, de partis ou de fortunes, ne change jamais, ne perd jamais le cœur ou l'espoir, mais élimine les oppositions et arrive à bon port. »

John Hunter écrit : « Y a-t-il un homme que les difficultés découragent, qui ploie sous la tempête ? Il accomplira bien peu. Y a-t-il un homme qui a la volonté de conquérir ? Ce genre d'homme n'échoue jamais. »

Napoléon Bonaparte disait : « La véritable sagesse est une détermination résolue. »

Munger écrit : « Le but puissant et tenace comporte bien des atouts, et il s'empare de tout ce qui passe et peut le servir ; il a un pouvoir magnétique qui attire à lui tout ce qui lui est apparenté. »

Wirt écrit : « L'homme qui se demande constamment laquelle de deux tâches il doit entreprendre d'abord n'en effectuera aucune. L'homme qui prend une décision, mais qui accepte de la changer à la moindre suggestion d'un ami, qui change constamment d'opinion, de projet et qui tourne comme une girouette au moindre caprice du vent n'accomplira jamais quoi que ce soit de véritable ou d'utile. Ce n'est que celui qui s'informe bien, puis prend une décision ferme pour ensuite exécuter ses projets, armé d'une inflexible persévérance, impassible devant les petites difficultés qui ont raison d'un esprit plus faible, ce n'est qu'un tel homme qui réussit, quel que soit son domaine. »

Fothergill écrit : « Le pouvoir de la volonté est l'un des plus importants dons de la nature, comme il est l'un des plus beaux fleurons de la culture personnelle. L'homme qui réussit dans son ascension, étape par étape, voit le pouvoir de sa volonté s'étendre à la mesure de ses énergies, des exigences qui lui sont faites. La force de volonté est constituée de cran, du pouvoir de s'en tenir à une décision. Les Britanniques ont toujours été fiers de leur endurance, qu'il s'agisse de la ténacité de leurs bouledogues, de l'endurance de leurs pur-sang, de l'infatigable courage de leurs combattants ou de leur propre indomptable détermination. Qui veut la fin veut les moyens. Ceux-ci peuvent être dissimulés à la vue, difficiles à trouver, longs et épuisants à découvrir, ils peuvent sembler impossibles à atteindre, mais le voyageur poursuit sa route avec une inébranlable résolution, jusqu'à la réussite finale. »

Par l'intention déterminée, et l'action volontaire qui en découle, la volonté choisit délibérément un but ou un objet à atteindre, pour ensuite manifester extérieurement sa détermination. Elle progresse vers son but avec intensité et précision. Le but doit être clair, défini et distinct. L'effort pour atteindre ce but doit mettre en oeuvre la nature tout entière de la volonté, ainsi que la nature et l'énergie tout entières du pouvoir de la volonté. Comme on l'a dit avec justesse : « Toute la force vive de la volonté doit littéralement s'y précipiter, non pas une ou deux fois, mais constamment, jusqu'à ce que l'objectif soit atteint. »

L'intention déterminée doit être réelle : Vous devez vous y engager de toute la force de votre âme. Vous ne devez pas prendre de telles résolutions à la légère, mais être tout à fait honnête à cet égard. Rappelez-vous que l'honneur et l'intégrité de votre volonté sont en jeu et que celle-ci ne doit pas être discréditée. En brisant une telle résolution, vous risquez d'attirer la honte sur vous et sur votre volonté. Vous feriez bien de vous rappeler et de suivre le conseil que donnait un écrivain religieux à ce sujet, alors qu'il encourageait ses élèves à développer leur volonté après avoir prononcé les paroles suivantes :

« Oui ! Devant Dieu je m'y engage ! Je m'y engage aussi intensément et fermement qu'il m'est possible de le faire ! Je tiendrai cette résolution. Je sais que je le peux et je la tiendrai parce que je m'y engage. De plus, j'ai pris toutes les précautions nécessaires pour la garder vivante et vigoureuse en moi en la renouvelant sans cesse. »

Voilà l'essence et l'esprit de l'intention déterminée. Efforcez-vous toujours de l'acquérir, de la conserver et de l'exprimer. Elle est l'éclair de la volonté qui peut !

7

La formation de la volonté

Il n'est pas suffisant que vous développiez un puissant pouvoir de la volonté, tout important que soit ce développement. Il ne suffit pas que le conducteur retienne les services de deux puissants chevaux pour tirer sa voiture; il doit aussi être capable de les guider et de les contrôler, de les diriger et de les maîtriser. Donc, même si vous possédez la plus forte des volontés, vous serez incapable d'en diriger efficacement les énergies et les pouvoirs, à moins qu'à la suite d'une discipline et d'une formation scientifique soignée vous n'en ayez maîtrisé les mécanismes. Pour former votre volonté, vous devez lui prodiguer un enseignement, la cultiver; vous devez l'éduquer, l'exercer, la discipliner, de façon à lui inculquer l'habitude et la tendance à progresser dans la voie qui, selon votre raison, est la plus avantageuse et la plus efficace.

Toute formation scientifique de la volonté commence par une instruction portant sur l'acquisition d'habitudes avantageuses: la construction de routes dégagées et claires que pourra emprunter la volonté dans son périple vers la réalisation. En donnant à votre volonté de bonnes habitudes d'action, vous la rendrez beaucoup plus efficace et vous obtiendrez le maximum de résultats désirables en dépensant un minimum d'énergie. Nous rencontrons ici un autre de ces paradoxes intéressants qui, nous l'avons dit, abondent dans le domaine de la psychologie. Alors que (a) l'habitude permet à la volonté de se manifester aisément et avec un minimum de friction, (b) l'habitude elle-même se forme par l'exercice de la volonté.

La volonté se soumet volontiers à l'habitude et préfère emprunter la ligne de moindre résistance ; toutefois, lorsqu'elle est attelée à la tâche, la volonté trace des sentiers aux habitudes avantageuses et désirables, sentiers qu'elle empruntera par la suite. Elle agit à la façon du puissant cours d'eau qui se découpe d'abord un profond canal à même la terre et qui emprunte ultérieurement ce canal comme s'il y était confiné. Tant le cours d'eau que la volonté se limitent aux canaux qu'ils se sont construits, mais chacun établit les limites et la direction ultérieures auxquelles il se confinera.

L'habitude a son équivalent dans le monde matériel ; de fait, tout semble se soumettre à la règle de l'habitude sous une forme ou une autre. Une feuille de papier ou une pièce de tissu auront tendance à se replier plus facilement le long du pli que l'on y aura fait préalablement, et plus on pliera souvent la feuille ou la pièce de la même manière, plus il sera facile de la replier. Il est plus facile pour l'eau de s'en tenir à la voie préalablement tracée ; on remarque le même phénomène pour la goutte d'eau qui glisse le long de la vitre.

Toute action volontaire posée plusieurs fois de la même manière générale développera une habitude d'expression et, effectivement, après un certain temps le geste deviendra presque instinctif et relèvera du subconscient. Chaque fois que vous vous habillez ou que vous vous chaussez, vous posez un certain nombre de gestes habituels dont vous avez à peine conscience.

Il en est de même de la marche, de l'utilisation du couteau et de la fourchette et d'autres gestes familiers dont vous avez acquis l'habitude.

La valeur de l'habitude, dans la formation et l'éducation de la volonté, est très importante. Non seulement l'habitude (1) simplifie-t-elle le processus de toute forme d'action et (2) réduit-elle le degré d'attention volontaire nécessaire pour poser une action donnée, mais (3) elle donne également beaucoup de poids et de pouvoir à l'impulsion émotionnelle inhérente à toute action donnée, augmentant ainsi sa valeur émotionnelle et lui permettant de résister plus efficacement aux exigences et aux sollicitations pressantes d'impulsions et de désirs émotionnels opposés. Une fois que vous aurez « pris l'habitude » de l'action efficace et avantageuse de la volonté, vous serez en bonne voie d'atteindre à un pouvoir puissant et efficace de la volonté.

Règles pour acquérir des habitudes volontaires

Les règles suivantes s'avéreront des plus utiles et des plus efficaces pour ce qui est d'acquérir des habitudes volontaires adéquates. Pour les appliquer, vous devez faire appel à la table des valeurs de votre volonté et à votre norme fixe afin de déterminer quelles sont les habitudes spécifiques que vous vous efforcerez de développer, de cultiver et d'acquérir. Lorsque, dans l'énoncé des règles suivantes, vous trouverez les mots « l'habitude » ou « les habitudes », vous comprendrez que ces termes font allusion à ces habitudes spécifiques qui expriment les désirs (éprouvés par la raison) se trouvant en tête de la table des valeurs de votre volonté, ou à des désirs moins importants qui servent les intérêts de ces valeurs premières. Voici donc ces règles :

I. *Faites preuve d'une grande initiative.* Pour acquérir une nouvelle habitude, faites preuve d'une grande initiative.

Consacrez dès le départ autant de détermination et d'énergie motrice que possible à votre action. *Lancez le navire de l'habitude aussi loin que possible dans le courant de l'action, en faisant appel à toute la force de la détermination et de la volonté dont vous disposez.* Cela imprimera à la nouvelle habitude un élan qui suffira à la lancer au-delà des premiers écueils dangereux, vous fournissant ainsi un bon départ. Le principal danger auquel vous ferez face, celui de céder à la tentation, se présentera dès le départ ; mais si votre élan est suffisant pour vous mener au-delà de ces premières tentations, vous pourrez plus facilement résister aux suivantes et, plus vous reculerez le moment des premières tentations, moins elles auront d'ascendant sur vous. Par conséquent, n'oubliez jamais que vous devez *vous efforcer de prendre un bon départ.*

II. *Soyez prudent au début.* Le début de la formation de la nouvelle habitude est le moment le plus critique de toute la tâche. La puissance de l'habitude opposée n'a pas encore commencé à céder devant la manifestation de son contraire, la nouvelle habitude. La règle est la suivante : *Ne permettez jamais qu'une seule exception ou un seul échec se produise avant que la nouvelle habitude soit bien établie.* Jusqu'à ce que la nouvelle habitude soit bien enracinée, vous devez braver de toutes vos forces les vents orageux de la tentation et de l'opposition. On a dit avec justesse qu'échouer ou céder à la tentation à ce premier stade équivaut à laisser tomber une balle de laine que vous avez soigneusement enroulée : Cette seule erreur cause plus de dommages que la main ne peut en corriger même en plusieurs mouvements.

La psychologie de ce cas est la suivante : Vous devez aborder les deux impulsions qui s'opposent de manière à ce que l'impulsion avantageuse connaisse une série de succès, et que l'impulsion négative enregistre une série continuelle de défaites.

Le résultat de cette série de conflits préliminaires joue un rôle très important dans la détermination de la future relation que connaîtront les deux forces opposées. On constate que se vérifie ici la citation suivante : « Il sera donné à celui qui possède, et à celui qui ne possède pas tout sera retiré, même ce qu'il a. » Une fois acquise l'habitude de la victoire par l'impulsion avantageuse, celle-ci aura un immense avantage psychologique sur son opposant qui aura connu des échecs successifs.

L'homme qui désire acquérir une habitude avantageuse échouera à coup sûr s'il a tendance à dire, comme Rip Van Winkle, que « ça ne compte pas » chaque fois que survient la tentation de violer la règle. En vous accordant « juste un cigare » lorsque vous avez décidé de cesser de fumer, ou « juste une minute de sommeil de plus » lorsque vous avez décidé de prendre l'habitude de vous lever à une certaine heure, vous risquez de vous priver des bienfaits de l'intention déterminée tout entière. Par ailleurs, chaque fois que vous résistez à la tentation de vous accorder un de ces petits plaisirs supplémentaires, votre intention déterminée s'en trouve renforcée, souvent à un degré supérieur à la valeur apparente de votre victoire du moment.

III. *La répétition.* Au cours du processus d'acquisition d'une habitude, vous devez *répéter l'action qui y est associée le plus fréquemment possible.* Par ce moyen, vous clarifierez et élargirez la voie mentale que vous désirez que votre volonté prenne l'habitude d'emprunter. De plus, vous exercerez par le fait même la faculté spécifique que vous voulez renforcer et rendre plus efficace. La volonté est renforcée, non pas seulement par la détermination de poser un geste, mais plutôt par l'exécution même de ce geste. La voie de la motilité ne se crée que lorsqu'on l'emprunte dans les faits, et son parcours est d'autant plus facile qu'on l'emprunte fréquemment. Le véritable effet moteur de l'action de la volonté fixe les cellules du cerveau qui participent à l'adoption d'une ligne de conduite.

L'effort vous force à vous camper fermement et à déployer votre énergie. Comme on l'a dit avec justesse : « Celui qui n'a pas les pieds fermement ancrés au sol ne dépassera jamais le stade de la gesticulation. » Par conséquent, recherchez toutes les occasions d'agir en ce sens jusqu'à ce que l'habitude soit fermement établie. Une serrure fonctionne mieux après avoir été utilisée à plusieurs reprises, un vêtement moule davantage le corps lorsqu'on l'a porté quelques fois ; et comme le disait un vieil auteur : « L'action continue est semblable au cours d'eau qui se creuse un canal dont on ne pourra facilement le détourner. »

IV. *Le contrôle de l'attention.* Autant que possible, *ne permettez pas à l'attention de s'attarder à des idées suggérant un parti opposé à celui qui est relié à la nouvelle habitude ; maintenez l'attention fixée, autant que possible, sur les idées associées à la nouvelle habitude.* Vous alimenterez ainsi un ensemble d'idées motrices, et vous affamerez l'ensemble opposé. Si vous essayez de vous défaire de l'habitude de fumer, c'est folie à vous de laisser votre esprit se rappeler les plaisirs de la pipe, du cigare ou de la cigarette ; occupez-le plutôt par des idées suggestives et des images mentales lui rappelant les avantages que comporte le fait de cesser de fumer et, par-dessus tout, *maintenez fermement à l'esprit la notion que vous possédez une volonté assez forte pour vous permettre de perdre une mauvaise habitude.*

Vous feriez bien, surtout au début, de suivre l'exemple des compagnons d'Ulysse, qui se mettaient de la cire dans les oreilles pour ne pas entendre les voix séduisantes des sirènes ; les voyageurs qui négligeaient de prendre cette précaution couraient à leur perte parce qu'ils permettaient à la mélodie tentatrice de parvenir à leurs oreilles. Il ne s'agit pas de lâcheté, mais de courage, quand on en comprend bien le principe. «Celui qui n'a jamais subi de blessure se moque des cicatrices.» Et on a aussi dit avec justesse: «Il faut plus de courage pour fuir certaines idées que pour y faire face, et le lâche est parfois celui qui demeure sur place.»

L'une des méthodes les plus efficaces pour inhiber ou neutraliser le pouvoir d'une impulsion ou d'un désir troublant ou menaçant consiste à concentrer délibérément son attention sur autre chose. Il est un axiome de la psychologie qui veut que *quoique l'intérêt fasse place à l'attention, il n'en demeure pas moins que l'attention peut être dirigée par un acte déterminé de la volonté de manière à susciter un intérêt nouveau; l'intérêt ainsi suscité se transforme en désir, et le désir procure à la volonté sa force motrice et sa direction.* Cet axiome nous fournit la clé du problème que nous examinons présentement.

C'est un fait bien établi de la psychologie que, dans les processus de la volonté délibératrice et de la volonté déterminante, cette alternative spécifique qui, d'une certaine manière, attire et retient l'attention, bénéficie généralement d'un poids et d'un pouvoir importants. L'alternative intéressante se voit accorder la position la plus favorable, alors que l'inintéressante est mise de côté — injustement parfois. Ce processus s'apparente à celui que nous connaissons personnellement lorsque nous accordons notre préférence à un candidat politique que nous connaissons et que nous aimons, plutôt qu'à un candidat que nous ne connaissons pas et qui ne suscite pas notre intérêt ou notre attention.

Compte tenu de ce fait, vous comprenez maintenant à quel point il importe que vous dirigiez et que vous mainteniez votre attention sur la ligne de conduite que votre raison et que votre table des valeurs vous indiquent comme étant la meilleure et la plus avantageuse, et de détourner votre attention et votre intérêt, dans la mesure du possible, de l'alternative opposée. En agissant ainsi, vous dotez l'idée avantageuse d'une attention et d'un intérêt plus marqués, et vous accordez à l'idée douteuse une situation beaucoup moins enviable.

Bien des gens se sont gardés d'agir stupidement et de façon dommageable en concentrant avec détermination leur attention sur les conséquences probables du geste qu'ils envisageaient de poser. C'est un coup de maître du combat inhibitoire que de réfléchir aux avantages d'une action contraire ou de se faire une image mentale des effets désastreux du geste que l'on s'apprête à poser. L'ivrogne qui pense à son enfant malade à la maison se voit renforcé dans son effort pour s'empêcher de boire. Plus Macbeth et son épouse rêvaient et s'imaginaient entourés de gloire et de pouvoir, plus s'intensifiaient leur désir et leur détermination de tuer le roi. Leur attention développait un intérêt et un désir accrus, intensifiant par le fait même le pouvoir du motif original.

La volonté peut déterminer, parmi les motifs qui l'influencent, lesquels deviendront les plus forts; elle y parvient en déterminant lequel de deux ensembles d'idées occupera le champ de l'attention au cours du conflit du désir. L'émotion et le désir se développent à partir du stimulus de l'attention; étant la souveraine de l'attention, la volonté a le pouvoir de favoriser ou de rejeter les idées faisant appel aux émotions, et aux désirs qui en résultent. Si un ensemble d'idées est fermement maintenu dans le champ de l'attention, un intérêt et un désir émotionnel puissant finiront par se développer autour de celui-ci; mais si un ensemble contraire d'idées pénètre dans le champ de l'attention et y est fermement maintenu, le premier ensemble d'idées verra alors décroître son intérêt et son pouvoir de motivation.

Ce principe est illustré dans l'une des comédies de Molière. Jeppe, un personnage dissolu, est chargé par son épouse (une femme de ménage) de se rendre au village acheter un pain de savon ; elle lui confie à cette fin une petite pièce de monnaie. Mais Jeppe veut se payer un verre. Il sait que sa femme le battra s'il gaspille l'argent, mais il sait aussi qu'il a une forte envie de ce verre de vin. Un conflit de désirs s'ensuit. Jeppe se dit : « Mon estomac me désigne le vin, et mon dos le savon. » Il est déchiré par ce combat intérieur.

Finalement, il arrive en vue de la taverne. Cela décide de l'issue du conflit, l'objet s'offrant au champ de son attention s'avérant plus fort que celui qui y est extérieur. Il se dit : « L'estomac d'un homme n'est-il pas plus important que son dos ? Je dis que oui ! » Et il pénètre dans la taverne. Mais s'il avait levé les yeux en direction du coin de la rue pour y apercevoir le regard déterminé de sa femme se dirigeant vers lui un bâton à la main, il aurait penché en faveur de son dos plutôt que de son estomac. Les deux ensembles de désirs et d'impulsions étaient bien équilibrés dans le cas de Jeppe, mais l'élément additionnel de l'attention et de l'intérêt permit au vin de l'emporter sur le savon.

Les règles suivantes s'avéreront utiles quant à la direction de l'attention dans la formation de la volonté, surtout pour ce qui est d'inhiber et de refréner les impulsions et les désirs troublants et peu souhaitables qui risquent de vous attirer dans une direction opposée à celle de vos valeurs premières et de votre norme fixe.

(1) *Cultivez les idées positives.* Alimentez la volonté d'idées et d'images mentales suggestives représentant favorablement les désirs et actions qui constituent les valeurs premières de la table des valeurs de votre volonté et qui sont conformes à votre norme fixe.

(2) *Affamez les idées négatives*. Affamez les impulsions et les désirs désavantageux, et les gestes qui en résultent, en refusant résolument de diriger votre attention sur des idées et des images mentales suggestives représentant favorablement les désirs et les actions constituant les valeurs dernières de la table des valeurs de votre volonté, et qui s'opposent à votre norme fixe.

(3) *La loi des contraires*. En cultivant une impulsion ou un désir avantageux, de même que l'action qui en résulte, refusez résolument d'occuper votre attention et votre imagination par des idées et des images mentales suggestives représentant favorablement l'ensemble de désirs et d'impulsions contraires, ainsi que l'action qui en résulte. En refrénant, inhibant ou neutralisant une impulsion ou un désir désavantageux et l'action qui en résulte, dirigez de façon délibérée et déterminée votre attention et votre imagination sur les idées et images mentales suggestives représentant favorablement l'ensemble des désirs et des impulsions contraires (avantageux), ainsi que l'action qui en résulte.

La raison qui sous-tend ces règles est la suivante : *(1) L'attention et l'intérêt alimentent les désirs et les impulsions, et renforcent les idées ; le manque d'attention et d'intérêt les affame ; (2) en dirigeant votre attention et votre intérêt sur un ensemble donné de désirs, d'impulsions ou d'idées, vous inhiberez, affaiblirez et affamerez l'ensemble contraire.* Ces deux faits sont des plus importants et vous devriez mémoriser cette formule.

Exercices de formation de la volonté

Le respect des règles énoncées dans les pages précédentes de ce chapitre s'avérera d'une importance considérable pour ce qui est d'exercer la volonté en fonction de sa formation. Cependant, il y a aussi plusieurs formes générales d'exercices qui s'avéreront très valables pour ce qui est de renforcer la fibre de votre volonté et de développer votre ténacité, votre résolution et votre détermination. En exerçant votre volonté à faire face aux obstacles, aux oppositions et aux empêchements — qu'ils existent dans le monde extérieur ou qu'ils se dissimulent dans le monde intérieur de vos habitudes, de vos désirs ou de vos impulsions — vous fournissez à celle-ci un pouvoir de résistance et une force agressive qui se feront sentir dans les affaires et la conduite de votre vie quotidienne lorsque vous aurez à affirmer le pouvoir et la force de votre volonté. Nous attirons maintenant votre attention sur les méthodes et principes suivants de formation de la volonté dirigée à ces fins.

Le durcissement de la volonté par la résistance. Les penseurs avisés du monde savent depuis des siècles que l'un des meilleurs exercices en vue de développer un puissant pouvoir de la volonté et de former adéquatement ce dernier consiste à effectuer, de façon délibérée et déterminée, certaines tâches désagréables, cela étant entrepris et mené à terme, non pas nécessairement en raison d'une valeur immédiate pour soi ou pour les autres, mais plutôt en raison de la valeur de l'exercice et de la formation de la volonté que la chose comporte.

Plusieurs des maîtres de l'occultisme de l'antiquité commençaient à instruire leurs élèves de cette manière, la pratique persistante de cette méthode, sous l'intelligente direction des maîtres, permettant de développer et de former les élèves pour en faire de véritables géants de la volonté. L'ordre des Jésuites, de renommée mondiale, a employé pendant des centaines d'années des méthodes similaires dans le but de renforcer la volonté de ses étudiants et des ses néophytes ; conséquemment, les Jésuites sont reconnus pour les pouvoirs de détermination, de persistance et d'endurance manifestés par leurs membres.

Plusieurs des meilleurs psychologues modernes ont repris ce vieil enseignement et ses méthodes, et on peut trouver des références à ce principe dans plusieurs des ouvrages des maîtres actuels de cette science. Par exemple, la déclaration suivante de William James, l'un des meilleurs philosophes et psychologues des temps modernes : « Conservez la faculté vivante grâce à quelque exercice gratuit chaque jour. Soyez systématiquement un ascète ou un héros à quelque égard sans importance ; faites chaque jour quelque chose, sans autre raison que celle que vous préféreriez vous en abstenir, de façon à ce que, le moment venu, vous vous trouviez prêt à subir l'épreuve. […] L'homme qui s'est accoutumé quotidiennement aux habitudes de l'attention concentrée, de la volition énergique et de la privation des choses non nécessaires, sera solide comme le roc lorsque tout tremblera autour de lui et que ses frères humains plus faibles seront balayés comme poussières au vent. »

Voyez à quel point cette dernière citation rappelle la discipline des anciens mages ou occultistes. Evelyn Underhill déclare : « La première leçon de l'aspirant mage est la maîtrise de soi. Dans son essence, l'initiation à la magie est une forme traditionnelle de discipline mentale, qui renforce et concentre la volonté. Il n'y a rien de surnaturel à cela. Tout comme la formation plus ardue et plus désintéressée du mystique, il s'agit de former le caractère dans un but spécifique, l'expérience étant conduite à l'échelle de l'héroïsme. »

Eliphas Levi déclare : « Grâce à la persévérance et à un entraînement graduel, les pouvoirs de l'organisme peuvent être développés de manière étonnante. Il en est de même des pouvoirs de l'âme. Voudriez-vous vous gouverner et gouverner les autres ? Apprenez à vouloir ! Comment peut-on apprendre à vouloir ? C'est le premier secret de l'initiation à la magie ; et c'était pour que l'on comprenne bien les fondements de ce secret que les anciens gardiens des mystères entouraient l'approche du sanctuaire de tant de terreurs et d'illusions. Ils ne croyaient pas en une volonté jusqu'à ce qu'elle ait fait ses preuves, et ils avaient raison. La force ne peut faire ses preuves que par la conquête. L'oisiveté et la négligence sont les ennemis de la volonté, et c'est la raison pour laquelle toutes les religions ont multiplié leurs pratiques et ont rendu leurs cultes difficiles et détaillés. Plus l'on se donne de peine pour une idée, plus on acquiert de pouvoir en rapport avec cette idée. Le pouvoir des religions réside donc entièrement dans l'inflexible volonté de ceux qui les pratiquent. »

La méthode ancienne et moderne consistant à habituer la volonté à affronter et à accomplir des tâches désagréables et à surmonter les situations désagréables par pure détermination constitue l'un des meilleurs systèmes de formation et de renforcement de la volonté. En habituant la volonté à agir de cette façon, vous lui apprendrez à réagir efficacement lorsque des situations identiques se présenteront dans la vie. C'est pourquoi nous parlons « d'endurcir la volonté par la résistance ». Formée de cette façon, la volonté est toujours prête à faire face aux urgences désagréables, quels que soient leur soudaineté et leur sérieux.

On a dit avec justesse des hommes formés de cette manière qu'alors que les autres pleureront à la vue de leur lait répandu, ces individus à la volonté bien formée chercheront une autre vache à traire, ou auront même trouvé cette vache et commencé à la traire. Par ailleurs, celui qui a l'habitude de mettre beaucoup de soin et d'efforts à échapper aux tâches désagréables, aux faits déplaisants et aux situations inconfortables n'a pas cette formation préparatoire de sa volonté ; lorsqu'il sera véritablement confronté à une situation désagréable ou apparemment désastreuse, sa volonté ne lui permettra pas toujours d'y faire face avec succès. Les hommes qui ont joué des coudes pour se rendre aux premiers rangs dans un domaine ou un autre de la vie ont développé une volonté de ce genre. Certains d'entre eux y sont parvenus grâce à leurs difficiles expériences à «l'université du labeur», alors que d'autres ont prévu les difficultés et s'y sont préparés de manière scientifique avant le jour de l'examen.

La vie est remplie de tâches désagréables et de situations inconfortables; la volonté doit être bien formée pour exécuter les premières et maîtriser les secondes. Le sage apprend sa leçon avant l'heure de l'épreuve et il est ainsi doublement armé pour la bagarre. Une telle formation a été comparée au fait d'assurer une maison contre les incendies; il en coûte des efforts et des privations, mais il s'agit d'un investissement qui rapportera lorsque le besoin se fera sentir. Cela est comparable au grand fonds de réserve de la volonté dont vous pourrez vous prévaloir en périodes de nécessité. On ne peut surestimer l'importance d'une telle formation. Cela se compare à l'ouverture d'un compte dans une bonne banque d'épargne; vous en augmentez le montant petit à petit, et vous accumulez rapidement de l'argent en raison de l'intérêt composé que vous valent vos dépôts.

Un enseignant bien connu aimait conseiller à ses élèves de faire occasionnellement quelque chose qu'ils auraient préféré ne pas faire, par exemple laisser leur siège dans un autobus. Napoléon avait une volonté formé de cette façon; il contrôlait sa volonté à un point tel que, sans aucun conflit émotionnel apparent, il pouvait entreprendre des tâches désagréables et difficiles, même lorsque celles-ci sollicitaient les plus grands efforts de sa part.

Vous trouverez d'innombrables occasions d'exercer votre volonté de cette manière et, de fait, chaque jour vous fournira de telles occasions. *Faites quelque chose que vous détestez particulièrement*; ne le faites pas parce qu'il y a quelque mérite à le faire, mais simplement en raison de la formation que cela donnera à votre volonté. On raconte que l'on avait un jour surpris un homme à étudier avec application le grand ouvrage de John Stuart Mill sur l'économie politique, un sujet que l'homme détestait et pour lequel il ne ratait pas une occasion d'exprimer son aversion. Lorsqu'on lui demanda pourquoi il agissait ainsi, il répondit : « *Je forme ma volonté ; je fais cela parce que je déteste intensément le sujet.* »

Les grands hommes de l'Histoire ont formé leur volonté suivant la ligne de la plus grande résistance, alors que l'homme moyen se contente de n'exercer sa volonté qu'en suivant la ligne de moindre résistance. Les grands hommes se sont ainsi formés à un point tel que, lorsqu'il leur faut poser un geste désagréable, ils le font avec autant de facilité et de force que s'il s'agissait d'un geste des plus agréables ; pour l'homme moyen, il est presque impossible de poser des gestes désagréables, à moins de consacrer une formidable somme d'énergie à la tâche, et même alors il n'exécute cette tâche qu'à contrecoeur et avec peu de force et d'efficacité. Nous vous conseillons donc fortement de maîtriser cet aspect de la formation de votre volonté ; le jour viendra où vous nous remercierez de ce conseil du fond de votre coeur, à condition, bien sûr, que vous l'ayez suivi.

Le durcissement de la volonté par les privations. Cet exercice ressemble au précédent et consiste à vous priver à l'occasion, c'est-à-dire à vous priver délibérément, de votre plaisir favori. Vous devez vous priver, non pas qu'il y ait quelque mérite que ce soit dans le sacrifice ou dans le geste, mais simplement à cause de l'exercice de la volonté que suppose cette privation, et à cause aussi de la force additionnelle qu'elle vous permet d'acquérir. Plusieurs des pénitences et autres privations imposées par les autorités des grandes religions du monde visent à développer le pouvoir de la volonté de l'individu qui s'y soumet ; ce fait est reconnu par les plus grandes autorités, mais la majorité des gens qui se soumettent à ces privations ne le réalisent généralement pas. Les grands pédagogues religieux savent que l'individu qui a formé sa volonté par les privations occasionnelles aura plus de facilité à résister à la véritable tentation lorsqu'elle surviendra. La psychologie reconnaît une valeur pratique à la privation et à la pénitence, en plus des éléments purement religieux qu'elles comportent.

Les principes généraux qui gouvernent les exercices destinés à endurcir la volonté par l'exécution de tâches désagréables et déplaisantes, comme nous venons de le voir, s'appliquent aussi lorsqu'il s'agit d'endurcir la volonté par les privations. L'exécution de tâches désagréables et la privation sont également déplaisantes pour la volonté dénuée de formation. Par conséquent, le même principe s'applique dans les deux cas, et la volonté se trouve formée selon le même processus général, bien que l'approche provienne de directions opposées.

Dans la méthode de la formation de la volonté par les privations, vous devez délibérément sélectionner une action ou une ligne de conduite des plus agréables, quelque chose qui vous fait envie, et refuser résolument d'en jouir. La privation peut être le refus de fumer votre cigare habituel après dîner, de boire votre tasse de café favorite, de lire la conclusion d'un livre intéressant ou l'épisode suivant d'une série, de manger un plat que vous aimez particulièrement, d'assister à une pièce de théâtre que vous êtes impatient de voir — en fait, le refus de faire n'importe quelle chose qui vous fait particulièrement envie.

Le délai doit être fixé avec précision et scrupuleusement observé. Le délai précis comporte une valeur psychologique indéniable. Vous devez être absolument honnête dans le choix de l'objet de votre privation : Il doit s'agir d'une véritable épreuve et nécessiter un véritable effort de la volonté. Vous devez renoncer à quelque chose qui a une véritable valeur émotionnelle à vos yeux (bien sûr, pour la durée de l'exercice seulement, ou à l'intérieur des délais délibérément fixés par vous dès le départ). Le délai doit être suffisant pour permettre d'éprouver réellement la volonté. Le refus doit « faire mal », il doit être suffisant pour vous assagir. Vous devez être sévère envers vous-même lors de ces épreuves, tests ou exercices. Cela ne doit pas être pris à la légère. Vous devez vous imposer un « travail d'homme » et vous devez être « l'homme tout indiqué » pour l'exécuter.

Note : Dans chacune des deux catégories d'exercices que nous venons d'examiner, il serait avisé de ne pas choisir une tâche dont l'exécution pourrait vous procurer un agréable sentiment de mérite religieux ou éthique, ou de devoir accompli, non plus qu'une tâche que vous êtes tenu de faire ou de ne pas faire, en conformité avec vos obligations religieuses, éthiques ou morales. Cette mise en garde est nécessaire, autrement vous bénéficieriez de la valeur positive du devoir ou d'obligations religieuses ou morales, qui viendraient ajouter leur poids à votre détermination résolue et à sa manifestation. Au cours de ces exercices, efforcez-vous de choisir des tâches dont l'unique motif est « la volonté de vouloir », c'est-à-dire *d'opposer la volonté aux pressions ou à l'attrait des sentiments, impulsions et désirs* ; et refusez-vous l'aide du poids additionnel du devoir ou d'obligations comme celles que nous venons de mentionner. La seule raison de l'exécution de ces exercices doit être de développer la volonté de vouloir, de vouloir dans l'unique but de vouloir, la volonté désirant simplement prouver qu'elle est volonté.

L'inversion des habitudes. Une troisième méthode, faisant appel aux mêmes principes généraux, consiste à (1) faire quelque chose que vous avez pour habitude et pour coutume de ne pas faire ; ou (2) ne pas faire quelque chose que vous avez pour habitude et coutume de faire. Dans chacune des phases de cet exercice, vous devez choisir comme tâche à exécuter une action pour laquelle vous n'avez aucun attrait ou répulsion, si ce n'est l'habitude, une action qui ne soit ni particulièrement agréable ni particulièrement désagréable, mais que généralement vous effectuez, ou vous n'effectuez pas, simplement par habitude. Certaines petites habitudes régulières, lorsque vous vous habillez, lorsque vous vous rendez au travail en suivant un certain itinéraire, le fait de manger à un certain endroit dans une certaine partie de la pièce, voilà le genre de tâches qu'il vous faut choisir. Cela peut vous sembler ridicule à prime abord, mais attendez de l'essayer vraiment! Une surprise vous attend. *Et fixez-vous une échéance, comme dans les autres cas.*

À titre d'exemples, on pourrait suggérer ce qui suit: Après avoir constaté quelle est la chaussure ou le bas que vous mettez d'abord lorsque vous vous habillez, inversez délibérément cet ordre pendant une semaine. Ou suivez la même procédure en ce qui concerne la première manche du veston (gauche ou droite) que vous avez l'habitude d'enfiler et changez cet ordre pendant une semaine. Ou alors, chosissez un autre quotidien à l'occasion. Vous pouvez également changer l'itinéraire que vous empruntez pour un déplacement quotidien (cela n'est efficace que lorsque vous avez déjà pris l'habitude d'emprunter une certaine route chaque jour). En faisant preuve d'imagination, vous découvrirez qu'il y a beaucoup de petites tâches de ce genre à accomplir. Et en agissant ainsi, non seulement formerez-vous votre volonté à force d'épreuves, mais vous apprendrez aussi une importante leçon concernant le pouvoir de l'habitude dans les petits gestes de la vie quotidienne.

L'exécution de tâches inintéressantes. Une autre méthode, très en vogue dans certains milieux, consiste à exécuter des tâches monotones, inutiles et inintéressantes, juste pour « vouloir vouloir ». Par exemple: (1) S'asseoir sur une chaise pendant cinq minutes, bras croisés, pieds placés l'un contre l'autre; (2) marcher dans une pièce pendant cinq minutes et toucher, toujours dans le même ordre, plusieurs objets; (3) compter et recompter plusieurs petits articles pendant cinq minutes; (4) changer de chaise après avoir compté jusqu'à vingt-cinq, pendant cinq minutes; (5) lire de gauche à droite, puis de droite à gauche le paragraphe d'un livre (celui-ci par exemple) pendant cinq minutes; (6) replacer dans une boîte, très lentement et délibérément, cent allumettes, boutons ou petits bouts de papier; (7) enfiler et retirer une paire de gants, lentement et délibérément, pendant cinq minutes. Ces exemples vous donneront une idée générale du caractère de cette catégorie d'exercices, mais vous devrez les mettre en pratique pour constater la somme de résolution et de détermination persistante qu'ils requièrent.

Le durcissement de la volonté par l'affirmation. Il est une autre forme valable de formation de la volonté, qui doit être utilisée judicieusement: le durcissement de la volonté par l'affirmation de son pouvoir. Par «affirmation» nous ne voulons pas dire «déclaration», qui est l'une des acceptions du terme; nous voulons plutôt parler de «soutenir ou défendre par des paroles ou des gestes». Dans le processus d'affirmation de la volonté, vous commencez par affirmer votre volonté dans les petites choses, comme d'avoir le dernier mot concernant des choses qui ne vous rapporteront rien, directement et immédiatement. L'unique objet est d'habituer la volonté à avoir le dernier mot, et à lui donner ainsi confiance en elle-même et de lui inculquer *l'habitude du succès.*

Vous constaterez que vous avez l'habitude de céder aux autres concernant les façons d'agir ou de faire, simplement parce que vous devez faire un effort de volonté trop grand pour vous y opposer. Dans de tels cas, lorsque l'autre personne possède une volonté plus persistante pour ce qui est de faire les petites choses à sa manière, il vous est plus facile de lui donner raison, même si vous affirmez nettement votre volonté dans les situations plus importantes de la vie. Il y a un risque possible à permettre à la volonté d'acquérir trop facilement l'habitude de céder à la volonté des autres en raison de ce manque d'affirmation répété et habituel en regard des petites choses. Un petit exercice vigoureux en ce sens, de temps à autre, s'avérera tonifiant pour la volonté et la maintiendra en bonne condition.

Dans ce genre d'exercice, vous devez affirmer votre volonté, non pas en raison d'un profit spécifique ou direct à tirer de votre insistance, mais *simplement pour exercer la volonté elle-même et lui donner l'habitude de la victoire.* En fait, lors de tels exercices, vous devez choisir quelque chose ne comportant aucune valeur réelle, quelque chose qui soit sans conséquence ; l'exercice ne doit avoir d'autre raison d'être que de « vouloir vouloir », sans viser à l'obtention de quoi que ce soit de désirable en soi. Ce doit être comme un exercice physique exécuté dans le seul but de développer et de renforcer les muscles, et non pas pour accomplir quelque chose d'utile ou atteindre un objet désiré.

Une mise en garde s'impose ici. Ne commettez pas l'erreur d'affirmer votre volonté à la légère ou dans le but de l'emporter sur les autres ou de les humilier inutilement. Et ne le faites pas non plus pour acquérir la réputation d'être entêté, déraisonnable ou pour avoir le dernier mot sans égards pour les droits des autres. Évitez tout exercice pouvant attirer l'attention sur vous ou sur vos motifs personnels ; vous trouverez suffisamment d'occasions d'exercice sans cela. Enfin, n'insistez pas pour avoir le dernier mot dans les petites choses lorsqu'en agissant ainsi vous risquez de ne pas avoir le dernier mot dans les situations importantes ; et également, n'insistez pas pour avoir le dernier mot si cela équivaut à privilégier l'erreur au détriment de la vérité.

Faites preuve de bon sens et d'intégrité en rapport avec cet exercice de la volonté; l'exercice s'en trouvera plus profitable. Mais, tout en tenant compte de ces mises en garde, prenez l'habitude d'avoir le dernier mot pour ce qui est des petites choses sans importance, à tout le moins de temps à autre, afin de bien établir l'habitude et de conserver la mécanique de la volonté bien huilée et en bon état de marche. Ne laissez pas votre volonté se rouiller à cause d'une utilisation insuffisante ou d'un manque d'exercice.

Étayez la volonté à l'aide d'affirmations. Il vous sera bénéfique de suivre cette méthode qui consiste à étayer la volonté à l'aide d'affirmations de ses propres pouvoirs et possibilités. Les affirmations et les déclarations de ce genre ont un effet vraiment tonifiant et fortifiant sur la volonté. En ce sens, vous pouvez faire appel au poème d'Ella Wheeler Wilcox cité dans le premier chapitre de cet ouvrage; vous pouvez aussi relire les citations du sixième chapitre de ce livre, dans lesquelles sont exprimées les pensées de certains des plus grands esprits de ce siècle concernant le pouvoir de la volonté et ses possibilités. Chacune de ces citations a été choisie en tenant compte d'un aspect spécifique important.

Vous pouvez aussi utiliser en ce sens la formule maîtresse de la réalisation, qui s'énonce comme suit: *(1) Les idéaux précis; (2) le désir ardent; (3) l'espoir confiant; (4) la détermination persistante; (5) la compensation équilibrée.* Il y a aussi le slogan: *Je peux, je veux; j'ose, je fais!* Vous pouvez ajouter à la liste certaines de vos citations préférées, à condition qu'elles fournissent de l'inspiration, de l'énergie et de la force à votre intention déterminée et qu'elles éveillent la conscience de la volonté. Enfin, vous serez avisé d'ajouter à la liste la citation de Lummis que vous trouverez à la dernière page du prochain chapitre de ce livre.

La façon de procéder est la suivante : Lisez chaque citation, aphorisme, maxime ou autre déclaration affirmative jusqu'à ce que vous en ayez extrait tout l'esprit et l'essence, jusqu'à ce que vous ayez saisi la pensée de son auteur. Mémorisez ensuite soigneusement le tout, de façon à être capable de vous le rappeler instantanément et sans effort excessif ; vous devez connaître la citation par coeur, autant que vous connaissez les paroles de votre chanson ou de votre poème favori. Consacrez beaucoup de temps à la tâche et menez-la à terme. Et évitez de faire un second choix avant d'avoir tout à fait maîtrisé et complété le premier.

Une fois que vous posséderez bien ces citations, prenez l'habitude de vous les remémorer de temps à autre. Faites-le chaque fois que vous disposez de quelques minutes au cours de la journée : à bord de l'autobus, lorsque vous marchez dans la rue, en attendant quelqu'un dans le hall d'un hôtel, en attendant un train à la gare, etc. Méditez-les ; tirez-en de la puissance et de l'inspiration. Et le soir, avant de vous endormir, rappelez-vous ces citations une à une et endormez-vous en y pensant. S'il vous arrive de vous réveiller au milieu de la nuit, ne vous inquiétez pas de la perte de sommeil, ne craignez pas l'insomnie ; laissez plutôt votre esprit jouer avec ces citations et permettez à votre âme de s'imprégner de leur esprit.

Suggestions d'ordre général concernant la formation de la volonté. En plus des exemples spécifiques d'exercices et de méthodes de formation de la volonté que nous venons de vous recommander, il vous sera profitable d'inventer et d'imaginer des exercices de votre cru à cette même fin, ou dans le but de créer des variations et des combinaisons des exercices et méthodes sur lesquels nous venons d'attirer votre attention. Toutes les formes d'exercices de la volonté sont bénéfiques, à condition qu'elles indiquent à la volonté une tâche bien définie qui n'est pas au-dessus de ses forces, *à condition que la volonté en entreprenne sérieusement l'exécution*. Il est absolument essentiel que la volonté affronte courageusement la tâche, et qu'elle se détermine résolument à l'exécuter en entier.

L'exercice doit aussi supposer un effort de la volonté, si l'on veut que celle-ci en bénéficie. Un effort occasionnel, isolé, est bien peu profitable à la volonté; des efforts répétés et réitérés sont requis. Les efforts répétitifs et réguliers sont particulièrement bénéfiques s'ils sont conformes à une méthode précise et sollicitent le pouvoir de la volonté de manière presque habituelle. Au cours de tels exercices, nous vous conseillons de concentrer le pouvoir de votre volonté sur un objectif unique. Cultivez l'habitude de concentrer l'action de la volonté au cours de ces exercices. Formez-vous une intention déterminée qui soit forte et définie, et accordez à sa manifestation tout le pouvoir de votre volonté; *pour le moment, faites de cette intention déterminée votre motif dominant, et de sa manifestation votre but premier dans la vie.*

L'exécution réussie de ces exercices vous permettra d'acquérir l'habitude de réaliser votre objectif précis, d'accomplir la tâche en cours, d'exécuter jusqu'à la fin votre plan initial. De cette manière, votre volonté acquerra une nouvelle assurance: Elle acquerra l'habitude de réussir. Elle abordera les tâches plus difficiles avec un nouvel esprit d'assurance et avec l'espoir de réussir. Un esprit plus franc et plus courageux l'animera, et elle entreprendra les tâches nouvelles et plus difficiles avec l'esprit du conquérant. Elle aura appris à faire face à une situation difficile aussi efficacement que l'on fait face à un ennemi en chair et en os. Elle entreprendra la lutte avec cette ténacité de détermination, cette inébranlable résolution, cette passion de réussir qui, selon un auteur, «peut presque être qualifiée de belliqueuse» dans son caractère agressif et persistant.

Évitez, malgré le manque apparent de sérieux des tâches, de sous-évaluer leur importance dans la formation de la volonté. On a dit avec justesse que « *Le pouvoir de la volonté s'acquiert par un processus graduel de pratique des plus petites choses, et tout acte de conquête de soi dans une sphère de la vie facilite le combat dans toutes les autres sphères.* » Les exercices de ce genre, inspirés par la détermination d'acquérir de la force et de la puissance de volonté, et de diriger celle-ci, mèneront inévitablement, s'ils sont exécutés avec persistance, à l'objectif poursuivi. Mais, ainsi que l'ajoutait un célèbre pédagogue : « *Les exercices de la volonté doivent être méthodiques et très réguliers quant à leur intensité et à leur durée, sinon ils risquent d'être inutiles, ou même pires encore.* »

Est-il nécessaire de vous rappeler qu'aucune des tâches spécifiques que nous vous avons suggérées ne comporte de vertu particulière. Vous pouvez y substituer n'importe quelle autre tâche et, en fait, nous vous conseillons de vous servir de votre imagination en ce sens. Ce que vous ne devez jamais oublier, c'est que les principes spécifiques et définis que nous avons mentionnés doivent toujours être inclus dans vos exercices. Encore une fois, vos exercices peuvent consister à (1) poser certains gestes durant une période fixe, ou (2) éviter de poser certains gestes durant cette même période. L'une est une forme positive d'exercice, l'autre constituant son pendant négatif.

Le nouveau motif. Une fois que vous aurez appris à exécuter des exercices de formation de la volonté du genre que nous vous avons indiqué dans ce chapitre, vous aurez fait une intéressante découverte quant à vos sentiments, impulsions, désirs et actions de la volonté. Jusqu'ici, vous n'avez exécuté les actions de votre volonté qu'en raison des pressions ou des attraits de quelque sentiment ou désir puissant, et vous avez vu que toute action de la volonté est causée, directement ou indirectement, par le sentiment et le désir. Maintenant, en exécutant ces exercices, vous avez découvert que vous agissez apparemment sans la pression ou l'attrait du sentiment et du désir, et, de fait, au cours de plusieurs des exercices vous agirez à l'opposé de ces pressions ou de ces attraits. Alors vous vous demanderez peut-être : « Quel est le motif de mon geste ? Quelle en est la cause ? » C'est ici, à cette étape même, que vous effectuerez la découverte en question.

Vous découvrirez que vous avez éveillé en vous le sentiment de la volonté, le désir de la volonté, l'impulsion de la volonté, ces étranges états émotionnels qui ne se satisfont et ne se contentent que de l'exercice de la volonté dans le simple but de vouloir, sans égard pour la valeur intrinsèque du geste. C'est ici que vous faites la connaissance de la volonté de vouloir, cet unique état d'esprit qui semble prendre naissance au coeur même de votre être mental, plus profondément que tout sentiment, émotion, désir ou impulsion. Voici la volonté qui veut vouloir, mue par la volonté seulement et ne cherchant à gratifier que la volonté. Cet étrange état d'esprit ne se définit qu'en ses propres termes et il n'y a rien auquel on puisse le comparer, rien qui puisse le définir. On doit en faire l'expérience pour le comprendre ; mais une fois qu'on en a fait l'expérience, on ne l'oubliera jamais.

Si vous êtes intéressé par la découverte de ce nouvel état d'esprit qui (nous l'espérons) se manifeste déjà en vous, nous vous conseillons fortement de lire attentivement le prochain chapitre de ce livre. Vous y trouverez ce nouveau sentiment, cette nouvelle conscience, expliqués avec force détails. Si vous n'avez pas encore fait en vous cette importante et intéressante découverte, vous êtes peut-être sur le point d'y parvenir ; si tel est le cas, la lecture du prochain chapitre intitulé « La conscience de la volonté » pourra peut-être hâter le moment de votre délivrance et faciliter votre accession au pouvoir dynamique de la volonté. L'homme ou la femme qui fait l'expérience de la conscience de la volonté renaît dans la volonté, cette fois dans l'univers de la volonté de vouloir, où la condition normale et habituelle est la maîtrise de la volonté.

8

La conscience de la volonté

Il y a un état de conscience que l'on peut appeler la « conscience de la volonté », un état dans lequel la volonté prend conscience de sa propre existence, de ses pouvoirs, de ses possibilités ; il s'agit d'un fait attesté par l'expérience de nombre d'individus. Cependant, il n'y a aucun moyen d'expliquer la validité d'une telle expérience, aucun terme pour l'exprimer ou la définir adéquatement au profit de ceux qui ne l'ont pas encore connue.

L'expérience de la conscience de la volonté se compare à celle de la pleine conscience de soi que connaissent bien des gens à un moment ou à un autre de leur vie, mais qui demeure une simple expression pour d'autres. Ou encore, on peut la comparer à la naissance de ce sens de l'esthétique qui se produit chez des individus favorisés et qui leur permet de saisir la beauté comme avec un nouveau sens qu'ils ne perdront ni n'oublieront jamais.

Par ailleurs, la conscience de la volonté diffère de ces deux expériences apparemment analogues. Ces expériences se caractérisent respectivement par un sens de l'existence individuelle et de l'être réel d'une part, et d'autre part par un sens accru de la perception. La conscience de la volonté se caractérise quant à elle par la reconnaissance de son propre pouvoir, la réalisation de ses actions et la manifestation de sa liberté et de son expression, tout cela s'accompagnant de l'excitation du sentiment de la maîtrise de soi, de la certitude intérieure de sa maîtrise sur les choses extérieures, qui provient de sa conscience de la possession de certains pouvoirs.

Dans la globalité de la conscience de la volonté, la conscience de la puissance, de la liberté et de la capacité d'agir s'accompagne d'un « sentiment » particulier qui est des plus difficiles à décrire, mais qui est très évident pour ceux qui en ont fait l'expérience, même à un degré très faible. Certains psychologues l'ont appelé « sentiment de la volonté », en l'absence d'une expression plus appropriée. Ce sentiment de la volonté se manifeste dans toute véritable action de la volonté, mais n'atteint le stade de l'émotion que lorsque la volonté veut vouloir dans le simple but de vouloir, surtout lorsqu'en agissant ainsi elle écarte les intenses pressions ou attraits des sentiments et des désirs ordinaires. Dans de tels cas, c'est un peu comme si la volonté avait accédé à un stade plus élevé de conscience, laissant derrière elle, aux stades inférieurs, les sentiments et les désirs.

Vous ferez hors de tout doute l'expérience de ce sentiment de la volonté lorsque vous manifesterez le pouvoir de votre volonté face aux obstacles et aux embûches. Alors s'élèvera en vous l'excitation du courage et de l'audace, l'enthousiasme de la bravoure. Vous vous apercevrez qu'en développant et en formant votre volonté vous avez ouvert la porte à une phase entièrement nouvelle d'émotion, de satisfaction et de contentement, une phase qui semble prendre forme parallèlement au développement et à la formation de la volonté. Vous ne vous en fatiguez et ne vous en rassasiez jamais ; au contraire, elle croît progressivement jusqu'à ce qu'elle devienne enfin l'un des éléments ou facteurs dominants de votre vie émotionnelle.

Dans ses stades les plus élevés, cette conscience de la volonté semblera rétrécir le fossé vous séparant de ce que l'on peut appeler la volonté du POUVOIR GLOBAL, ce pouvoir ultime qui constitue la source et l'origine de tout le pouvoir manifesté dans l'univers. À ce stade, il vous semblera parfois percevoir le battement du coeur de l'univers et vous sentirez les pulsations de ses énergies dans vos artères mentales et spirituelles. Dans de tels moments, vous prendrez conscience du fait que « TOUT est un, dont chacun est une partie et non isolé comme il lui semblait ; le coeur de la vie est animé d'un pouls unique palpitant en Dieu, la terre et MOI ! » Avec la naissance de cette conscience de la volonté, vous ressentirez une joie, une paix qui, à coup sûr, dépassent tout entendement.

La conscience de la volonté ne s'acquiert pas avec de l'argent, non plus qu'on ne peut l'obtenir en cadeau. Elle doit être acquise par le travail et l'exercice, par un développement obstiné des pouvoirs inhérents à l'individu. Vous n'apprenez à « vouloir vouloir » qu'en voulant, et vous ne pouvez acquérir la conscience de la volonté qu'en « voulant vouloir ». Par vos propres efforts vous devez éveiller le géant qui dort en vous, et par vos propres efforts vous devez l'éveiller à une réalisation consciente de son existence et de son pouvoir propres. Cela fait, vous comprendrez soudainement, un jour, que cette volonté géante, c'est vraiment vous-même, votre moi le plus grand ayant assimilé l'ancienne manifestation partielle de votre être que vous considériez autrefois comme vous-même.

Dès la naissance de la conscience de la volonté, vous vous apercevrez que vous êtes un maître, et non plus un esclave. Vous connaîtrez un sentiment de liberté et d'indépendance, et vous pourrez voir quel genre de marionnette vous étiez auparavant.

Ayant échappé au contrôle des désirs et aux impulsions de moindre importance (en ayant pénétré l'esprit des plus importants d'entre eux), vous découvrirez que ces désirs et impulsions secondaires sont maintenant prêts à se rallier à votre norme, à vous prêter leur allégeance et à vous jurer fidélité ; car à partir du moment où vous les aurez conquis, ils deviendront vos plus loyaux serviteurs. Ne méprisez pas ces éléments secondaires du sentiment, du désir et de l'impulsion ; ils s'avéreront des serviteurs utiles, alors mettez-les au travail pour vous. On constate que le sentiment, l'impulsion et le désir sont, comme le feu, de bons serviteurs et de mauvais maîtres. Rappelez-vous ce vieil aphorisme : « Tout est assez bon pour que vous l'utilisiez, mais rien n'est assez bon pour se servir de vous. »

C'est un lieu commun que de dire que celui qui parvient à la maîtrise de soi peut maîtriser les autres ; mais ce n'est que lorsque vous avez développé le pouvoir de votre volonté et atteint la conscience de la volonté que vous êtes en mesure de saisir la signification profonde de cette expression familière. Ce n'est qu'alors que vous saisissez la vérité des enseignements des anciens occultistes qui soutenaient qu'on peut maîtriser les gens et les choses, même les bêtes sauvages et les forces de la nature, quand on a d'abord acquis la maîtrise des éléments rebelles de sa propre nature qui ont usurpé le trône qui nous revient de droit.

Lorsque vous avez conquis les forces intérieures, vous avez acquis le droit de contrôler les forces extérieures. Lorsque vous avez déposé les usurpateurs de votre royaume et que vous avez pris place sur le trône intérieur de votre être mental et spirituel, vous êtes en mesure d'émettre vos édits dans le royaume extérieur sur lequel vous régnez. Une fois que vous avez dompté et maîtrisé la ménagerie des bêtes sauvages qui sont en vous, vous êtes capable de maîtriser et de contrôler les bêtes sauvages qui sommeillent chez les autres. C'est ce que disaient les anciens pédagogues ; la pensée moderne avisée soutient cette doctrine.

La réalisation de cet objectif comporte cependant un sérieux risque qu'il vous faut connaître et dont il faut vous garder. En atteignant ce stade du pouvoir et de la conscience de la volonté, vous aurez entre les mains un puissant instrument que vous pourrez utiliser à de bonnes ou à de mauvaises fins. Vous aurez parfois l'impression de détenir une formidable responsabilité quant à l'utilisation de ce pouvoir nouvellement acquis, car plus le degré du pouvoir atteint sera grand, plus grande sera votre responsabilité. Vos résolutions perdront leur ancien caractère éphémère et inefficace, et seront désormais permanentes et efficaces. Elle seront profondément enracinées et fortement ancrées dans la réalité ; elles seront terriblement sincères et réelles, et à certains moments, leur contemplation vous inspirera une crainte respectueuse.

Vous serez parfois tenté de vous considérer différent de ceux qui n'ont pas atteint les mêmes sommets que vous. Ces individus vous montreront qu'ils reconnaissent quelque chose de « différent » en vous, et ils ne vous comprendront pas. Ils se sentiront même plus ou moins inconfortables en votre présence et ils vous trouveront froid, antipathique et même quelque peu inhumain, tout cela parce que vous serez au-dessus des faiblesses courantes de l'humanité à son stade actuel de développement et d'évolution. Vous serez, en un certain sens, en avance sur votre époque ; vous serez un peu comme un prophète, une sorte de Superman. Ne soyez pas affecté outre mesure par tout cela ; restez en contact avec le monde tel qu'il est. Conservez la sympathie que vous avez pour le genre humain et, par-dessus tout, gardez les deux pieds sur terre ; vivez dans le présent et dans la réalité de la vie quotidienne, et ne soyez pas tenté de vous perdre dans les nuages. Une étape à la fois, souvenez-vous !

Vous découvrirez, lorsque vous aurez développé et formé votre volonté, lorsque vous aurez acquis le pouvoir de la volonté et la conscience de la volonté, que vous avez développé une individualité bien plus forte qu'auparavant. Vous serez devenu un maître du destin, plutôt que de demeurer esclave des circonstances. Vous saurez ce que vous pouvez faire, et vous le ferez. Vous serez en mesure de faire ce que vous voulez et de vouloir ce que vous faites. Vous aurez maîtrisé à la fois l'impulsion et la léthargie : Vous aurez atteint le juste milieu. Vous posséderez de l'énergie que vous utiliserez, sans toutefois la gaspiller ou la dissiper. Vous serez capable d'entreprendre une tâche, de la poursuivre aussi loin que possible et de l'interrompre lorsque la sagesse vous dictera cette ligne de conduite. Vous serez capable d'aller aussi loin que nécessaire et de vous y arrêter si besoin il y a, évitant ainsi de franchir une étape inutile.

Vous découvrirez aussi que vous n'avez aucune tendance à afficher votre nouveau pouvoir pour l'édification ou la mystification des autres ; vous posséderez ce sens qui vous poussera à vous élever au-dessus de ces faiblesses et de ces vaines vantardises. Le véritable homme fort n'affiche pas sa force et sa puissance. Vous serez conscient du fait que les autres reconnaissent ce pouvoir en vous et en subissent l'influence ; et c'est ce sentiment même de posséder un certain pouvoir qui vous empêchera de vous en vanter ou de l'afficher. Vous réaliserez que le pouvoir de la volonté ne se manifeste pas en grinçant des dents, en agitant son poing ou en se gonflant la poitrine comme un pigeon.

De la même manière, vous découvrirez vous-même ce que tout les hommes avisés de toutes les époques et de tous les pays ont toujours su : Le pouvoir et la conscience de la volonté ne confèrent pas de brusquerie, d'austérité ou de brutalité à leur possesseur. Le véritable pouvoir de la volonté s'accompagne souvent d'une attitude suave et agréable. Nombre d'individus possédant le plus puissant des pouvoirs de la volonté ont des manières plaisantes et sont tellement polis qu'un observateur mal informé peut croire qu'ils n'ont pas de volonté propre et que leur seul désir et objet dans la vie est d'être agréables et plaisants envers leur prochain. Mais lorsque l'occasion et le besoin se présentent, ces individus manifestent pleinement et sans l'ombre d'un doute cette force latente en eux-mêmes. La « main de fer dans le gant de velours » est l'idéal du diplomate, et l'Histoire rapporte que des hommes comme Talleyrand possédaient cette qualité à un degré remarquable. Les vantards et les prétentieux ne possèdent généralement aucun pouvoir réel.

Enfin, vous découvrirez que l'expression figurative dans laquelle la forte volonté est appelée « volonté de fer » est imparfaite. Vous découvrirez que cette métaphore ne rend pas bien l'idée de ce qu'est vraiment une volonté fortement développée et scientifiquement formée. À sa place, nous préférerions utiliser l'expression « volonté d'acier », cette volonté faite de l'acier le mieux trempé.

La volonté de fer peut casser sous le poids des circonstances, alors que la volonté d'acier pliera un peu momentanément, pour reprendre sa position et sa forme originales une fois la tension relâchée. La volonté d'acier plie parfois plutôt que de se laisser briser, mais elle reprend toujours sa forme pour poursuivre l'action que lui inspire l'intention déterminée. La volonté d'acier plie, mais elle ne perd jamais sa forme ni sa force. Son but peut se voir différer temporairement, mais il n'est jamais mis en échec. De fait, l'énergie qu'elle consacre à reprendre sa forme originale l'amène parfois à réaliser son but premier. Considérez votre volonté comme étant comparable à une lame trempée des plus fines et des plus fortes qui plie et reprend sa forme lorsque nécessaire, mais qui ne se brise ni ne se déforme jamais, plutôt qu'à la barre de fer qui brise sous la tension ou que l'on peut déformer.

Pour résumer les découvertes que vous ferez en développant et en formant le pouvoir de votre volonté de manière à acquérir la conscience de la volonté et la volonté de vouloir, vous verrez que vous aurez acquis les qualités, attributs et pouvoirs suivants :

1. La conscience de la volonté pure en vous-même.

2. L'habitude d'utiliser cette volonté directement, efficacement et avec une précision scientifique.

3. La connaissance d'une inépuisable mine de richesses intérieures, de pouvoir et de capacité d'agir avec une intention déterminée.

4. Le pouvoir de vouloir vouloir par égard pour la conscience de la volonté.

5. Le pouvoir, grâce à la volonté, de manifester ou d'inhiber les actions de la volonté.

Qui plus est, vous aurez découvert qu'au centre, au coeur même de votre volonté, sur le trône même de la volonté, c'est vous qui régnez en souverain. Lorsque vous aurez atteint ce stade ultime de conscience de la volonté, la volonté elle-même semblera disparaître et VOUS seul demeurerez ; vous aurez alors l'impression que la volonté est devenue l'exécutrice de votre moi ! Emerson dit avec justesse : « *Il ne peut y avoir de force motrice, si ce n'est par la conversion de l'homme en volonté, afin qu'il soit la volonté et que la volonté soit lui !* »

Nous ne connaissons pas de meilleure citation à vous donner comme clé de ce que nous avons tenté de vous enseigner que cette citation de Charles F. Lummis, qui a résumé en ces mots le résultat de sa propre expérience avec une vie de conflits dont il est sorti vainqueur malgré tout :

> « *La grande leçon que j'ai tirée de tout cela, c'est que l'homme est destiné à être et doit être plus fort et plus important que tout ce qui peut lui arriver. Les circonstances, le destin, la chance, sont autant d'éléments extérieures ; et s'il ne peut les changer, il peut toujours les battre. S'il ne m'était jamais venu à l'esprit que JE gérais la maison dont l'unique clé était ma propre volonté et qu'à moins que je n'accepte de me rendre rien ne pouvait prendre la citadelle, je serais mort depuis longtemps. [...] Je suis guéri. Je suis plus grand que tout ce qui peut m'arriver. Toutes ces choses sont à l'extérieur de ma maison et c'est moi qui en ai la clé.* »

9

L'atmosphère de la volonté

L'individu dont la conscience de la volonté s'est développée et manifestée — celui qui a appris à vouloir vouloir — a presque toujours développé inconsciemment cette aura particulière, ce champ d'émanation, cet élément presque indescriptible que les spécialistes du sujet connaissent sous le nom « d'atmosphère de la volonté ».

L'atmosphère de la volonté est comparable au champ d'induction du puissant aimant dont les forces influencent les particules de fer ou d'acier qui l'entourent. L'atmosphère de la volonté, qui est le fait de l'individu ayant développé une conscience de la volonté, exerce une influence subtile mais des plus puissantes sur ceux que celui-ci côtoie. De quelque étrange manière, les personnes qui pénètrent dans le « champ d'induction » d'un tel individu reconnaissent instinctivement le pouvoir latent de sa volonté, auquel ils s'adaptent consciemment ou inconsciemment.

Nous allons tenter d'illustrer ce principe d'atmosphère de la volonté en citant plusieurs cas célèbres où cette force s'est manifestée de manière frappante. Nous devons certaines de ces illustrations au docteur J. Milner Fothergill qui, il y a plusieurs années, a réuni plusieurs exemples de pouvoir de la volonté dans un ouvrage qui est maintenant épuisé.

Premièrement, nous allons vous demander de prendre connaissance de cette frappante illustration fournie par Oliver Wendell Holmes, que Fothergill fait précéder du commentaire suivant :

« Le conflit du regard est familier à plusieurs d'entre nous. Le petit garçon regarde sa mère pour voir à quel point la menace est sérieuse ; plus tard, il regarde ainsi son instituteur pour voir quels sentiments l'animent. Deux hommes ou femmes se regardent avec insistance ; aucune parole n'est prononcée. Le conflit prend bientôt fin, et l'un des deux a le dessus sur l'autre. »

Holmes rapporte l'exemple de la façon suivante : « Les traits du Koh-i-noor devinrent si blancs de rage que sa moustache et sa barbe bleu-noir y faisaient un contraste terrifiant. Les lèvres animées d'un rictus de colère, il s'empara d'un baril, comme s'il eut voulu en lancer le contenu à la face de son interlocuteur. Le jeune homme du Maryland fixa sur lui des yeux clairs et impassibles et posa une main sur son bras, de façon presque insouciante, mais l'autre eut l'impression qu'il ne pouvait plus bouger ce bras. C'était inutile. Le jeune homme était maître de ses muscles, et dans ce combat meurtrier des Indiens dans lequel les hommes luttent avec leurs yeux, qui dure cinq secondes à peine mais brise le dos de l'un des deux combattants et exerce ses séquelles pendant de nombreuses années, il lui était supérieur aussi. Un essai suffit et le problème est réglé, tout comme lors de l'affrontement de deux coqs de basse-cour où, après un ou deux assauts et quelques coups de patte acérés, le combat prend fin ; et le vaincu s'empresse de dire « Après vous, monsieur », pour ensuite s'effacer devant le vainqueur pour le reste de ses jours. »

Fothergill se délecte à raconter la célèbre rencontre de Hugo, évêque de Lincoln, avec Richard Coeur de Lion dans l'église de la Roche d'Andeli. À cette occasion, Richard, qui était en guerre contre la Normandie, demanda à ses barons d'augmenter ses effectifs. L'évêque de Lincoln refusa de lui fournir des hommes, alléguant que l'évêché de Lincoln n'était tenu au service militaire que lorsque la guerre faisait rage à travers la Grande-Bretagne tout entière. Richard, qui possédait une très forte volonté, fut offusqué du refus de l'évêque et le convoqua en Normandie.

À son arrivée en Normandie, l'évêque apprit que le roi était furieux contre lui, et des amis lui conseillèrent de faire parvenir un message de conciliation au roi avant de se présenter devant lui. Mais l'évêque rejeta ce conseil, préférant s'en remettre à la conscience de sa volonté.

Le roi assistait à la messe lorsque le prélat se présenta à lui et, malgré l'air peu affable du monarque, lui dit: «Faites-moi le baisemain, Votre Altesse!» Le roi détourna la tête. Hugo le secoua et réitéra sa requête. «Vous ne l'avez pas mérité», grommela rageusement le roi. «Je l'ai mérité», répliqua l'indomptable prélat, secouant encore plus fort l'épaule du roi. Le roi céda et lui baisa la main; et l'évêque alla calmement s'asseoir pour assister à la messe.

Fothergill ajoute: «La simple indifférence face à la mort n'aurait pu donner un tel résultat. Il y avait quelque chose de plus. En plus de ne pas connaître la peur, l'évêque Hugo possédait une force de volonté des plus inhabituelles, dont on connaît maintenant plusieurs exemples. Non seulement fit-il face au roi et justifia-t-il son refus de lui fournir des hommes ultérieurement, à la chambre du conseil, mais il alla même plus loin et reprocha plus tard au roi son infidélité envers la reine. Le Lion était maté pour le moment. Le roi n'accepta pas la chose, mais il refréna sa passion, observant par la suite : « Si tous les évêques étaient comme monseigneur de Lincoln, il n'est pas un prince parmi nous qui pourrait s'élever contre eux. » Voilà l'histoire telle que la racontait Froude. Mais Richard n'était pas homme à permettre que l'on prenne des libertés avec lui, ainsi qu'en témoigne l'histoire de sa vie. »

Il ne s'agit cependant pas de la seule occasion où Hugo montra que le pouvoir de sa volonté pouvait dominer celui de son roi. Un roi précédent, Henri Plantagenet, celui-là même qui avait nommé Hugo évêque de Lincoln, avait aussi subi la défaite devant le pouvoir de la volonté de l'évêque, tout aussi nettement qu'allait le faire son successeur. Le roi Henri avait demandé à l'évêque d'accorder une faveur à un certain courtisan, mais sa requête avait été carrément refusée. Hugo avait déjà bravé le roi, et celui-ci était très en colère contre lui. Henri était à Woodstock Park avec sa suite, et à l'approche de l'évêque il s'assit par terre, faisant semblant de réparer son gant de cuir. Le roi ne semblait pas remarquer la présence du prélat. Après une brève pause, Hugo, écartant un comte de la main, s'assit sur le sol aux côtés du roi. Il observa les gestes du roi, puis il lança : « Votre Majesté me rappelle ses cousins de Falaise. » Falaise était un lieu renommé pour ses artisans tanneurs, et c'est là que le duc Robert avait rencontré Arlotta, fille de tanneur et mère de Guillaume le Conquérant, ancêtre du roi Henri. La référence à ses humbles origines en était trop pour le roi, qui eut le dessous au cours de la discussion qui s'ensuivit.

Forthergill déclare : « On retrouve un caractère similaire chez le général Gordon. Ce n'est pas son absolue indifférence pour sa vie qui lui valait sa puissance. En Chine, où la vie a peu d'importance, le fait de ne pas craindre la mort est bien peu utile, et ce n'est pas cela qui constituait le fondement de la puissance de Gordon ; son secret réside ailleurs. Sa suprématie au Soudan ne s'appuyait pas non plus sur sa bravoure, car les Arabes du Soudan sont aussi courageux que tous les guerriers du monde, comme en fait foi l'histoire de leurs conflits. Lorsque Gordon prit une chaise pour s'asseoir aux côtés du roi Jean d'Abyssinie, ou lorsqu'il se présenta seul aux cheiks arabes qui avaient juré d'avoir sa tête, ce n'est pas seulement son mépris de la mort qui lui permit d'affronter impunément ces deux périls ou de tenir Khartoum. Aussi, la confiance implicite en la protection du ciel n'a pas sauvé d'autres hommes en péril.

« Toute la foi de Savonarole ne l'a mené qu'à une mort horrible dans les flammes. Mais sans cette indifférence quant à leurs destins, ni l'évêque Hugo ni le général Gordon n'auraient pu se tirer indemnes des terribles dangers auquels ils s'exposaient délibérément. Toute crainte de la mort se serait à coup sûr avérée fatale dans ces circonstances. Le pouvoir de la volonté doit s'accompagner de courage personnel lorsque la vie est menacée. L'héroïsme des Jésuites, qui côtoyaient les Amérindiens au début de l'histoire du Canada, était soutenu par leur dévotion, car plusieurs subirent des sorts très cruels. Mais nul d'entre eux n'a jamais possédé un plus haut degré de ce pouvoir de la volonté qui force les autres à l'obéissance que La Salle, le pionnier du Mississippi. Et George Washington nous fournit une splendide illustration de ce pouvoir qui façonne les autres et les oblige à suivre ses commandements. Sa patiente sagacité s'appuyait sur le fondement du pouvoir de sa volonté.

« Un curieux exemple du pouvoir magnétique de la volonté nous est fourni par l'histoire des relations qu'entretenait Benjamin Disraeli avec le parti conservateur d'Angleterre. Parce qu'il était étranger et handicapé par ses professions antérieures, la Chambre refusa d'abord de l'entendre. Mais il progressa irrésistiblement, petit à petit, pour devenir un leader conservateur qui « éduqua » son parti ; et finalement, il fut un premier ministre appuyé par les meilleurs patriciens d'origine normande d'Angleterre, qui obéissaient à tous ses désirs; un meneur d'hommes, d'hommes fortement imbus de tradition, et également un ami personnel du souverain. Voilà, clairement illustrée, la signification des mots: La foi déplace les montagnes.

« La Maison d'Orange a fourni des exemples frappants de l'influence du pouvoir de la volonté. Guillaume le Silencieux maintenait la cohésion parmi ses disciples grâce à une volonté de fer que n'ébranlait aucune catastrophe, aucun désastre. Elle refusait de se soumettre. Un caractère semblable était celui de Guillaume, ultérieurement roi d'Angleterre. Ceux qui ne l'aimaient pas exécutaient ses ordres. Il inspirait ses alliés découragés grâce à sa grande résolution. Lorsque ses plans connaissaient la défaite, il se mettait immédiatement à l'oeuvre pour réparer ses pertes et priver les Français du fruit de leur victoire. On admettra d'emblée que les gens de la Maison d'Orange comptaient bien des grands hommes, mais aucune de leurs qualités n'est plus remarquable que le pouvoir de leur volonté.

« La faculté particulière de commandement des leaders, qu'il s'agisse de celle de John Churchill, de celle d'un guérilléro comme Mina au cours de la guerre d'Espagne, de celle de l'Amérindien Pontiac qui menaça l'existence des Anglo-Saxons sur le continent américain, ou même de celle du leader noir Toussaint l'Ouverture, ne semble pas dépendre que de leurs seules capacités, mais aussi de leur caractère, dont le pouvoir de la volonté est un facteur primordial. Les hommes qui manifestent un pouvoir de volonté marqué se distinguent dans les situations d'urgence, comme on le voit chez Oliver Cromwell, gentilhomme campanard, et chez Napoléon Bonaparte, artilleur subalterne. Dans ces deux cas, des conflits à l'échelle nationale leur ont permis d'accéder à un poste éminent et à la gloire. Mais une femme est encore plus remarquable que tous ces hommes : la villageoise Jeanne d'Arc, qui redonna courage aux troupes françaises et les mena à la victoire. Où donc résidait cette sorcellerie qui la conduisit au bûcher ? Dans sa capacité d'animer les autres, qui reposait en fait sur le pouvoir de sa volonté ! »

Le cas de Disraeli, dont Fothergill faisait antérieurement mention, est un exemple typique de celui qui possède ce « quelque chose », cette combinaison de pouvoir de la volonté et d'atmosphère de la volonté, qui distingue les individus qui ont vu s'éveiller et se développer la conscience de leur volonté. La première fois qu'il se leva pour prendre la parole à la Chambre des Communes, Disraeli fut raillé et tourné en dérision, la Chambre refusant de l'accepter. C'est alors qu'il lança à ses adversaires cette remarquable prophétie : « J'ai souvent recommencé des choses, et souvent j'ai fini par réussir ; et même si je m'asseois aujourd'hui, le jour viendra où vous m'entendrez ! » Et ce jour vint, assez vite d'ailleurs.

Fothergill dit à ce sujet : « Le jour vint effectivement où la Chambre dut non seulement l'écouter, mais même reconnaître son emprise sur elle. Comme bien d'autres, Disraeli avait appris que, même s'il avait d'abord échoué, cela ne voulait pas dire que le succès final était hors de sa portée. L'orateur d'abord ridiculisé parvint éventuellement à imposer sa rhétorique à la Chambre. Il s'attaqua bientôt férocement à Sir Robert Peel, qui était un excellent orateur, et le mordant de ses remarques apprit à la Chambre à le craindre, à craindre cet homme que l'on avait auparavant raillé. Il dut faire preuve d'une grande résolution pour affronter de nouveau la Chambre des Communes à la suite de cette terrible épreuve, mais une fois que la première tentative avait été faite, le reste fut relativement facile. »

La carrière ultérieure de Disraeli nous fournit un exemple des plus frappants du pouvoir qu'a l'individu de surmonter des obstacles apparemment insurmontables par la simple force du pouvoir de sa volonté. Petit à petit, Disraeli progressa face à une opposition qui aurait suffi à décourager n'importe quel homme ordinaire. À la fin, lui, Disraeli le Juif, devint premier ministre d'Angleterre et leader des destinées d'une importante partie du monde!

Cet être inspira de nombreuses générations subséquentes d'hommes courageux et ambitieux, non seulement par la force de son exemple, mais aussi par ces paroles remarquables que nous avons déjà citées dans cet ouvrage, mais que nous reproduisons ci-dessous afin que vous vous en imprégniez davantage l'esprit : « À la suite d'une longue méditation, j'ai acquis la conviction que l'être humain qui poursuit un dessein bien arrêté doit le réaliser, et que rien ne peut résister à une volonté qui misera l'existence même sur la réalisation de cet objectif. »

Ce n'est pas seulement dans l'histoire de la guerre et dans l'histoire politique que nous retrouvons des exemples de situations dans lesquelles le pouvoir de la volonté, la conscience de la volonté et l'atmosphère de la volonté ont accompli des miracles ; le monde des affaires comporte également de nombreux exemples en ce sens. Une étude de la vie des grands industriels, des hommes qui ont réussi dans les divers domaines du monde des affaires, convaincra le lecteur le plus sceptique qu'il existe un « élément » qui exerce sa force et ses énergies en faveur de l'individu qu'il habite. Une analyse plus approfondie révélera que cet « élément » a pour coeur le pouvoir de la volonté, est possédé par la conscience de la volonté et manifeste l'atmosphère de la volonté.

Fothergill nous fournit plusieurs exemples typiques qu'il a notés dans son étude de l'histoire des grands manufacturiers d'Angleterre. Nous vous parlerons brièvement des cas les plus typiques qu'il a cités ; une étude de ces cas et de cas similaires permettra d'éveiller le pouvoir de la volonté qui sommeille peut-être chez le lecteur, tout en illustrant le principe général que nous examinons présentement.

Josiah Wedgwood, le plus jeune de quatorze enfants, avait reçu une formation de potier. À cette époque en Angleterre, les industries céramiques se limitaient à la fabrication d'argile cuite très grossière; la poterie fine qui y est maintenant produite est en grande partie le résultat du travail de pionnier qu'accomplit cet homme de constitution fragile. Apprenti pottier, il souffrait d'un mal au genou droit qui le faisait claudiquer et qui plus tard entraîna l'amputation de sa jambe droite. Handicapé, il n'en continua pas moins de travailler. Gladstone devait dire de lui par la suite que son incapacité physique le porta à « réfléchir et à méditer sur les lois et les secrets de son art ».

En ajoutant du silicate à l'argile, Wedgwood réussit à frabiquer des articles de couleur blanche au lieu des articles d'apparence terreuse qu'on avait produits jusqu'alors. Il se livra ensuite à des expériences visant à perfectionner ses glaçures. Il dut par la suite ériger ses fours. Son sens artistique se développa alors. Il dépensa beaucoup d'argent pour se procurer de vieux modèles d'articles d'art qu'il reproduisit fidèlement. Wedgwood redécouvrit ensuite l'art de peindre les biscuits tel que le pratiquaient les Étrusques, et il embaucha l'artiste Flaxman. Il travailla pour la Couronne et devint le potier de la cour. Non seulement progressa-t-il lui-même, mais il fit aussi de sa région de l'Angleterre un grand centre de production de poteries de haute qualité. Wedgewood constitue un exemple typique de l'homme handicapé par la nature, confronté à de grands obstacles et à de nombreuses déceptions, mais triomphant finalement grâce à l'application constante du pouvoir de sa volonté. Il vit s'éveiller la conscience de sa volonté : Il avait grandement développé l'atmosphère de sa volonté, selon le témoignage des gens de son époque.

L'histoire de Lister et la bourre de soie nous fournit également une illustration du principe général que nous examinons. Lister concentra son attention sur ce qu'on appelait la bourre de soie qui résultait de la fabrication de la soie et était constituée de cocons éventrés adoptant l'apparence de cordages usés, de flocons sales ou de chanvre mucilagineux, et qui était collante et pleine de petites branches, de feuilles et de vers à soie morts. Pendant plusieurs années, Lister tenta de faire de ces rebuts une soie respectable. Il lutta contre les circonstances et risqua la ruine financière à plusieurs reprises.

À une occasion, Lister perdit même 1 500 000 $, une fortune qu'il avait accumulée au fil d'autres investissements. Son indomptable volonté, son inébranlable énergie et ses efforts persistants lui permirent de passer à travers tout cela et de transformer son échec en victoire. Il réussit finalement à fabriquer des velours de soie, avec un côté soyeux et un côté en coton, des tapis de soie, des imitations de peau de phoque, de beaux rubans de velours, des rubans côtelés, de la soie destinée à la couture, des soies japonaises, des popelines, etc., tout cela à partir de ce qui avait été de la bourre de soie. Quelques années plus tard, lors de l'inauguration d'une statue de Lister à Bradford, en Angleterre, un éminent orateur déclara: «Qu'honorons-nous particulièrement? C'est le cran dont cet homme a fait preuve; c'est le fait qu'il se soit dit: Voilà quelque chose qui doit être fait; je n'arrêterai pas avant d'avoir trouvé comment le faire, et une fois que j'aurai trouvé, *quel est celui qui m'empêchera de le faire?*»

En relatant l'histoire de Josiah Mason, ce manufacturier anglais qui, dès l'âge de huit ans, avait vendu des gâteaux dans la rue, et qui à sa mort était l'un des géants du commerce en

Grande-Bretagne, un auteur disait au sujet de ce personnage : « Mason avait, dès le départ, une volonté forte, puissante, presque irrésistible. Ce qu'il voulait, il devait l'avoir ; et dans une large mesure, il l'a eu. Petits ou grands, tous les objectifs étaient à la portée de sa puissante volonté, et il finissait par surmonter toutes les oppositions. Non pas qu'il fût obstiné ou peu enclin à suivre les conseils. Il possédait une autre grande qualité, très utile pour satisfaire sa volonté : Il était d'une absolue patience. Il savait attendre. Et sa patience s'accompagnait d'une merveilleuse persévérance. Mason était remarquablement tenace. Il s'accrochait à son but et y travaillait avec une vigilance et une énergie jamais démenties. Il était l'incarnation même du pouvoir de la volonté. »

Les illustrations et exemples de ce genre peuvent être multipliés à l'infini. L'histoire est la même, quel que soit le personnage ou son origine. Il devient évident pour celui qui étudie le sujet qu'un grand principe général et universel sous-tend tous ces exemples. On constate toujours la présence de cet « élément » qui se manifeste sous forme de pouvoir de la volonté, de conscience de la volonté, d'atmosphère de la volonté. On ne peut parler de simple coïncidence, compte tenu des innombrables cas où le principe se vérifie. Il ne peut être que le résultat d'un invariable processus de cause à effet — de la loi de causalité se manifestant sur le plan mental.

Nous croyons que les méthodes et les principes que nous avons avancés dans les pages du présent ouvrage serviront à indiquer à l'individu honnête, persistant et courageux les voies qu'il doit emprunter dans son périple vers sa réalisation par le pouvoir de la volonté. Nous croyons que le secret du succès réside dans l'énoncé de la formule maîtresse. Permettez-nous de la répéter une fois de plus sous sa forme populaire : *Vous pouvez avoir tout ce que vous voulez, à condition (1) de savoir exactement ce que vous voulez, (2) de le vouloir suffisamment, (3) d'avoir l'espoir confiant de l'obtenir, (4) d'être déterminé avec persistance à l'obtenir et (5) d'être disposé à payer le prix de cette réalisation.*

Relisez les divers exemples de réussite grâce au pouvoir de la volonté consignés dans les pages précédentes, et examinez-les à la lumière de la formule maîtresse de réalisation que nous venons d'énoncer. Vous verrez que, dans chacun des cas, l'individu a d'abord su exactement ce qu'il voulait faire ou obtenir ; il l'a ensuite désiré suffisamment ; il croyait fermement et espérait en toute confiance l'obtenir ou le faire ; il était constamment déterminé à l'obtenir ou à le faire ; et finalement, il a toujours été disposé à payer le prix de la réalisation et de l'obtention de l'objet poursuivi. Dans chacun des cas se sont manifestés de façon marquée (1) les idéaux, (2) le désir, (3) la foi, (4) la volonté et (5) le service.

Permettez-nous de conclure en citant les vérités suivantes tirées des écrits du docteur Fothergill, ce grand pionnier de la reconnaissance des principes et de la pratique du pouvoir de la volonté, dont l'oeuvre a à tout le moins servi de fondement à tous ceux qui l'ont suivi. Il écrit :

« Le pouvoir de la volonté se manifeste chez celui qui attend son heure, qui sait attendre, ce qui implique le quand et le pourquoi. Les circonstances peuvent s'opposer à lui, et il doit attendre ; mais sa volonté n'est ni fléchie, ni brisée ni déformée par ce fait, et elle demeure aussi affirmative que jamais, même lorsqu'elle semble suspendue. Mais le pouvoir de la volonté n'est pas que simple persévérance ; il est plus encore. *Il est une entité en soi !* »

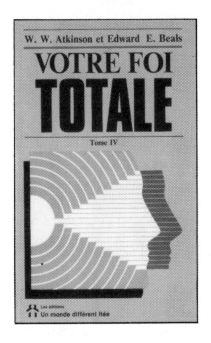

VOTRE FOI TOTALE

«La Foi», dit le sage, «est la Magie Blanche du Pouvoir.»

La foi en la réussite de vos efforts, de vos entreprises, en l'expression de vos pouvoirs innés, mène inévitablement à la foi en vous-même, à la foi en votre moi réel et en ses capacités quant à l'accomplissement efficace du travail qui constitue votre champ d'expression extérieure.

W. Atkinson et E. Beals nous livrent dans ses pages un Message de Vérité qui renferme l'essence de l'enseignement ésotérique et de la doctrine profonde de toutes les grandes religions et des plus profondes philosophies du monde. Adopter cette vérité et s'y conformer, c'est être en mesure de la manifester pour enfin connaître la liberté et l'invincibilité, et se réaliser.

En vente chez votre libraire ou à la maison d'édition:

Les éditions Un monde différent ltée
3400 Boul. Losch, Local 8
Saint-Hubert, Québec, Canada
J3Y 5T6

Achevé Imprimerie
d'imprimer Gagné Ltée
au Canada Louiseville